FORMAÇÃO DE PROFESSORES NO DESENHO DE DISCIPLINAS E CURSOS

O GEN | Grupo Editorial Nacional – maior plataforma editorial brasileira no segmento científico, técnico e profissional – publica conteúdos nas áreas de ciências sociais aplicadas, exatas, humanas, jurídicas e da saúde, além de prover serviços direcionados à educação continuada e à preparação para concursos.

As editoras que integram o GEN, das mais respeitadas no mercado editorial, construíram catálogos inigualáveis, com obras decisivas para a formação acadêmica e o aperfeiçoamento de várias gerações de profissionais e estudantes, tendo se tornado sinônimo de qualidade e seriedade.

A missão do GEN e dos núcleos de conteúdo que o compõem é prover a melhor informação científica e distribuí-la de maneira flexível e conveniente, a preços justos, gerando benefícios e servindo a autores, docentes, livreiros, funcionários, colaboradores e acionistas.

Nosso comportamento ético incondicional e nossa responsabilidade social e ambiental são reforçados pela natureza educacional de nossa atividade e dão sustentabilidade ao crescimento contínuo e à rentabilidade do grupo.

Irineu Gustavo Nogueira Gianesi
Juliana Machado Massi
Débora Mallet

FORMAÇÃO DE PROFESSORES NO DESENHO DE DISCIPLINAS E CURSOS

Foco na garantia de aprendizagem

- Os autores deste livro e a editora empenharam seus melhores esforços para assegurar que as informações e os procedimentos apresentados no texto estejam em acordo com os padrões aceitos à época da publicação, *e todos os dados foram atualizados pelos autores até a data de fechamento do livro*. Entretanto, tendo em conta a evolução das ciências, as atualizações legislativas, as mudanças regulamentares governamentais e o constante fluxo de novas informações sobre os temas que constam do livro, recomendamos enfaticamente que os leitores consultem sempre outras fontes fidedignas, de modo a se certificarem de que as informações contidas no texto estão corretas e de que não houve alterações nas recomendações ou na legislação regulamentadora.

- Data do fechamento do livro: 10/11/2020

- Os autores e a editora se empenharam para citar adequadamente e dar o devido crédito a todos os detentores de direitos autorais de qualquer material utilizado neste livro, dispondo-se a possíveis acertos posteriores caso, inadvertida e involuntariamente, a identificação de algum deles tenha sido omitida.

- **Atendimento ao cliente: (11) 5080-0751 | faleconosco@grupogen.com.br**

- Direitos exclusivos para a língua portuguesa
Copyright © 2021, 2021 (2ª impressão) by
Editora Atlas Ltda.
Uma editora integrante do GEN | Grupo Editorial Nacional
Travessa do Ouvidor, 11
Rio de Janeiro – RJ – 20040-040
www.grupogen.com.br

 Reservados todos os direitos. É proibida a duplicação ou reprodução deste volume, no todo ou em parte, em quaisquer formas ou por quaisquer meios (eletrônico, mecânico, gravação, fotocópia, distribuição pela Internet ou outros), sem permissão, por escrito, da Editora Atlas Ltda.

- Capa: OFÁ Design | Manu

- Editoração eletrônica: Caio Cardoso

- Ficha catalográfica

CIP-BRASIL. CATALOGAÇÃO NA PUBLICAÇÃO
SINDICATO NACIONAL DOS EDITORES DE LIVROS, RJ

G365f

Gianesi, Irineu Gustavo Nogueira
　　Formação de professores no desenho de disciplinas e cursos : foco na garantia de aprendizagem / Irineu Gustavo Nogueira Gianesi, Juliana Machado Massi, Débora Mallet. – 1. ed. - [2. Reimpr.]. – São Paulo : Atlas, 2021.

Inclui bibliografia e índice
ISBN 978-85-97-02590-3

1. Ensino superior. 2. Professores universitários - Formação. 3. Aprendizagem. 4. Prática de ensino. I. Massi, Juliana Machado. II. Mallet, Débora. III. Título.

20-67336　　　　　　　　　　　　　　　　　　　　　　　　　　　　CDD: 378.0071
　　　　　　　　　　　　　　　　　　　　　　　　　　　　　　　　　CDU: 378.026

Meri Gleice Rodrigues de Souza – Bibliotecária – CRB-7/6439

A Eliana, Lucas e Bruno, pelo infinito apoio e pela inspiração para mais este trabalho.
Irineu Gustavo Nogueira Gianesi

Ao Cosme e à Sônia (*in memoriam*), por deixarem para sua filha o seu melhor legado: a paixão pela Educação. Ao Thiago, pelo companheirismo e pela troca diária de reflexões sobre a aprendizagem.
Juliana Machado Massi

A Ismael, Etelvina e Giulia, por me ensinarem, sempre.
Débora Mallet

A todos os professores do Insper que nos ajudaram a aprender e que compartilham dos mesmos ideais de transformação da sociedade. Enfim, ao Insper, que como instituição nos inspira e que com sua cultura empreendedora nos deu a oportunidade de experimentar, errar, acertar e aprender.

SOBRE OS AUTORES

IRINEU GUSTAVO NOGUEIRA GIANESI

É diretor de assuntos acadêmicos do Instituto de Ensino e Pesquisa (Insper). Responsável pela gestão e desenvolvimento do corpo docente, gestão da aprendizagem, incluindo o *design* e a implementação de novos programas educacionais. Liderou a equipe que desenhou e implementou um dos mais inovadores programas de graduação em Engenharia do Brasil. Professor de Gestão de Operações e ex-diretor de programas de pós-graduação do Insper, possui doutorado em Administração de Empresas pela Cranfield University School of Management, Reino Unido, mestrado em Engenharia de Produção e bacharelado em Engenharia Mecânica pela Universidade de São Paulo. Realizou programas de aperfeiçoamento de ensino na Harvard Business School, no Olin College of Engineering e no Babson College. Tem experiência de 30 anos em pesquisa e ensino e é coautor de três livros na área de Gestão de Operações e anos de experiência como consultor profissional em grandes empresas.

JULIANA MACHADO MASSI

Possui dupla graduação em Administração e em Direito. Pós-graduada em Direito Empresarial. Mestre em Direito Econômico pela Pontifícia Universidade Católica do Paraná (PUCPR). Atua na gestão acadêmica de cursos e formação de professores no ensino superior há 10 anos, tendo realizado cursos de aperfeiçoamento sobre metodologias ativas pela LASPAU/HARVARD e em *Designing Student-Centered Learning Experiences* pelo Franklin W. Olin College of Engineering em Boston, Massachussets. Atualmente, é coordenadora do Núcleo de Gestão e Desenvolvimento de Docentes na área de Desenvolvimento de Ensino e Aprendizagem (DEA) do Insper. Também é *co-founder* da Future Education, a primeira aceleradora do Brasil dedicada ao desenvolvimento de *startups* de educação (*edtechs*), onde também atua na formação das pessoas para pensarem a aprendizagem. Docente no ensino superior em cursos de graduação e pós-graduação em Administração e em Direito. Na formação de professores, atua como docente com foco no ensino sobre desenho de disciplina e gestão da sala de aula em diferentes áreas do conhecimento.

DÉBORA MALLET

Graduada em Letras pela USP, pós-graduada em Fronteiras da Neurociência (Einstein) e mestre e doutora em Educação pela FEUSP. Atualmente, é coordenadora da área de Desenvolvimento de Ensino e Aprendizagem (DEA) do Insper e preside a Comissão Própria de Avaliação (CPA) da mesma instituição. Tem experiência na área de Educação, principalmente em processos de avaliação da aprendizagem, desenho de currículo e formação de professores. Docente em cursos de Pedagogia, licenciaturas e pós-graduação por mais de 20 anos, com ênfase em metodologias de ensino. Coordenadora de pós-graduação no SENAC. Autora de materiais didáticos para redes públicas e privadas de ensino com atuação em diversas formações de professores, na Secretaria Estadual de Educação de São Paulo e em instituições privadas de ensino.

AGRADECIMENTOS

Vários profissionais e acadêmicos foram de grande ajuda e tiveram influência em ideias, conceitos e técnicas apresentados neste livro. Apesar de expressarmos a eles nosso reconhecimento, assumimos a total responsabilidade pelo resultado final ao qual chegamos.

Agradecemos à nossa equipe no Centro de Desenvolvimento de Ensino e Aprendizagem (DEA) do Insper, que compartilha conosco os mesmos valores e a mesma dedicação na melhoria de processos de aprendizagem e contribuiu de forma direta ou indireta na realização deste livro (em ordem alfabética): Aline Paz Lopes, Bruno Lippi Conceição Vieira, Maria José França Bizerra, Regiane dos Santos Gusmão, Selma Colonna de Oliveira Silva, Thanuci Silva e Vinicius Cassio Barqueiro. Irinilza Bellintani e Marcelo Orticelli contribuíram com comentários em partes do manuscrito.

Os professores do Olin College of Engineering muito nos ensinaram sobre o processo de desenho de currículo e de cursos, além dos princípios da motivação intrínseca dos alunos. Em particular, agradecemos a Jonathan Stolk, Lynn Andrea Stein, Mark Somerville e Robert Martello.

Finalmente, agradecemos aos professores do Insper e de outras instituições que participaram dos nossos programas de formação e desenvolvimento, nos ajudando a aprimorar a metodologia.

SUMÁRIO

CAPÍTULO 1
Introdução, 1
Objetivos de aprendizagem, 1
Preparando o trabalho, 3
Uma nova abordagem para o ensino, 3
A boa teoria ensinando a prática, 5
Um método de desenho de disciplina, 6
Desenho de disciplina × desenho de currículo, 6
Desenho de currículo, 7
Método PDAF®, 7
O que há de novo?, 7
Quatro elementos alinhados, 10
Planejamento do curso, 11
Alinhamento aos fatores externos, 12
Objetivos de aprendizagem, 13
Desenho macro do curso, 13
Dinâmicas de ensino-aprendizagem, 14
Dinâmicas alinhadas aos objetivos de aprendizagem, 15
Uso da motivação do aluno a favor da aprendizagem, 16
Avaliação da aprendizagem, 18
Avaliações alinhadas aos objetivos, 18
Critérios para uma avaliação eficaz, 19
Tipos e finalidades da avaliação, 19
Avaliação como indutora de atitude do aluno, 20
***Feedback*, 21**
Usando o método PDAF® para desenho de curso, 22
Referências, 24

CAPÍTULO 2
Planejamento, 25
Objetivos de aprendizagem, 25

Introdução, 27

Como se dá o desenvolvimento da aprendizagem: conhecimentos prévios × novos conhecimentos, 29

Objetivos de aprendizagem: o que os alunos devem praticar, 33

Objetivos de aprendizagem: detalhamento, 34
Nível cognitivo, 35
Mensurabilidade, 38
Clareza, 40

Tipos de objetivos de aprendizagem: breve distinção entre objetivos cognitivos e socioemocionais, 42

Objetivos de aprendizagem: competências, habilidades e conteúdos, 43
Habilidades e conteúdos, 44

A questão do "praticar": da memória de curto prazo à memória de longo prazo, 45

Prática das habilidades: a duração da disciplina ou unidade curricular, 47

Referências, 50

CAPÍTULO 3
Dinâmicas de ensino-aprendizagem, 51
Objetivos de aprendizagem, 51

Introdução, 53

O que são metodologias de aprendizagem ativa?, 53
Aplicação de metodologias de aprendizagem ativa sem alinhamento aos objetivos de aprendizagem, 55

O que são dinâmicas de ensino-aprendizagem?, 57
Alinhamento aos objetivos de aprendizagem, 58
Recursos disponíveis, 61
Grau de segurança do professor, 61
Estímulos à motivação intrínseca dos alunos, 62

Dinâmicas ACA – Aprendizado Centrado no Aluno, 68
Tipos de dinâmicas, 70
Blue Sky, 71

Referências, 73

CAPÍTULO 4
Avaliação, 75

Objetivos de aprendizagem, 75

Introdução, 77

Avaliação da aprendizagem, 80

Instrumentos de avaliação válidos, 85

Resultado esperado: padrões de respostas, 87

Escala de desempenho: rubrica, 91
Escala em três níveis, 91
Escala em cinco níveis, 93

Sistema de notas, 100

Tipos de avaliação, 102

Referências, 104

CAPÍTULO 5
Feedback da aprendizagem, 105

Objetivos de aprendizagem, 105

Introdução, 107

O que é *feedback* da aprendizagem, 110

Por que o *feedback* é uma excelente ferramenta de aprendizagem?, 111

Características de um bom *feedback*, 112

Estratégias para um *feedback* da aprendizagem efetivo, 120

O planejamento do *feedback* é fundamental para a experiência de aprendizagem, 126

Referências, 128

CAPÍTULO 6
Desenho de currículo, 129

Objetivos de aprendizagem, 129

Introdução, 131

Abordagem convencional no desenho de currículos, 131

Uma nova abordagem: alinhando o perfil do egresso às experiências de aprendizagem, 133

(A) Perfil do egresso e competências, 135

(B) Desdobramento das competências e sua avaliação, 137

(C) Concepção do percurso de aprendizagem das habilidades, 140

(D) Ideação das experiências de aprendizagem, 141

(E) Desenho macro do currículo, 144
(F) Especificação dos elementos ou componentes curriculares, 145
Formando e preparando a equipe de trabalho, 146
Escolhendo a equipe de trabalho, 146
Preparando a equipe de trabalho, 147
Definindo premissas para o desenho que sejam compartilhadas pela equipe, 147
Referências, 148

Índice alfabético, 149

CAPÍTULO 1

INTRODUÇÃO

Objetivos de aprendizagem

Ao final deste capítulo, você deverá ser capaz de:
- Reconhecer os aspectos distintivos da abordagem de ensino proposta neste livro.
- Compreender as diferenças entre as atividades de desenho de disciplina e desenho de currículo.
- Compreender a importância dos elementos de Planejamento, Dinâmicas, Avaliação e *Feedback* e a necessidade de alinhamento entre eles no desenho do curso ou da disciplina.
- Planejar sua atividade de desenho de curso ou disciplina usando o método PDAF®.

Preparando o trabalho

UMA NOVA ABORDAGEM PARA O ENSINO

Ensinar é uma atividade apaixonante, qualquer que seja o perfil dos alunos, da educação infantil ao ensino superior ou educação continuada para adultos. Quem já experimentou isso certamente vivenciou a emoção de ver seus alunos se desenvolverem e ampliarem suas competências. Sente-se parte da vida do outro.

Em que pese a importância dessa atividade para o desenvolvimento da sociedade, muito ainda temos que evoluir na formação dos professores no Brasil, para que a dedicação dos docentes se transforme em efetivo aprendizado dos alunos.

Particularmente no ensino superior, embora possa ocorrer também nos últimos anos do ensino fundamental e médio, a formação dos professores enfatiza quase que por completo o domínio do conhecimento que se pretende ensinar, assim como a competência de gerar novos conhecimentos por meio de pesquisa. Poucos docentes receberam na sua formação apoio ao seu desenvolvimento como professor (aquele que vai ensinar), seja em como planejar um curso, como conduzir as dinâmicas das experiências de aprendizagem, como avaliar o aprendizado dos alunos e como auxiliá-los a ultrapassar suas dificuldades de aprendizagem. A grande maioria aprendeu na prática, fazendo, com pouca ou nenhuma orientação. Certamente, é uma atividade de coragem, pois o docente se expõe à avaliação, formal ou informal, de alunos cada vez mais bem informados e críticos em relação ao valor do tempo que gastam e das atividades que são solicitados a realizar.

Não é de se surpreender que uma parcela significativa dos professores do ensino superior acabe por colocar quase toda a sua preocupação na própria atuação e no conteúdo que vai transmitir, com pouca atenção a o que o aluno vai aprender, por meio de que atividades e com que tipo de apoio do professor. As avaliações que os alunos fazem de seus professores geralmente enfatizam a ideia de que um bom professor precisa ser "bom de palco", prender a atenção dos alunos, cobrir todo o conteúdo proposto e avaliar os alunos de forma justa, quando essa atividade é requerida pelo tipo de curso ministrado. Pouco se fala do efetivo aprendizado dos alunos, talvez porque, na verdade, esse é um resultado visto como de responsabilidade dos alunos, sobre a qual o professor não tem total controle.

Nós, os autores, vivemos essa realidade por muitos anos (décadas, no caso de alguns de nós), seja atuando como professores, coordenando outros professores, mas principalmente formando e desenvolvendo outros docentes em diferentes instituições de ensino superior, mais recentemente no Insper. Essa experiência nos fez ver a necessidade de ajudar professores e outros formadores de docentes a fazer a virada de uma abordagem que chamamos de convencional, mais centrada na atuação do professor, para outra que esteja mais comprometida com o efetivo aprendizado dos alunos.

É muito comum solicitar a um professor que especifique os objetivos de seu curso e receber como resposta que o curso tem como objetivo apresentar aos alunos determinado conteúdo, proporcionar aos alunos a oportunidade de experimentarem algo ou fornecer aos alunos o ferramental para que consigam fazer alguma coisa. Essa abordagem centra os objetivos no que o curso ou o professor vai fazer. É uma abordagem confortável, pois, ao final do curso, o professor pode analisar o que fez e verificar se atingiu os objetivos, ou seja, se apresentou o conteúdo, se forneceu as ferramentas, e assim por diante. Diante da constatação de que fez o que se propôs a fazer, o professor pode ter uma sensação de missão cumprida. Mas até aqui não falamos dos alunos, do que eles aprenderam, do que eles serão (ou não) capazes de fazer com o que receberam. Na abordagem aqui proposta, os objetivos devem estar centrados nos alunos, procurando especificar o que eles serão capazes de fazer ao final do curso. Dessa forma, a medida de sucesso do curso não está centrada no professor, mas no aprendizado dos alunos. Se você já é professor, reflita sobre como tem definido os objetivos de seus cursos ou como você os definiria, caso ainda não tenha atuado como professor ou instrutor. Avalie se são objetivos de ensino ou de aprendizagem.

Também é comum que, ao iniciar o desenho de um curso, os professores tratem de listar os conteúdos que pretendem ou têm que cobrir, selecionando a sequência que lhes parece mais lógica para o aprendizado, alocando o tempo que consideram adequado a cada tópico de acordo com seu grau de dificuldade. Ao caminhar para o detalhamento, o professor começa a planejar como vai conduzir a sua aula, escrever suas notas de aula ou preparar apresentações. O curso estará praticamente preparado se o professor sabe exatamente o que vai fazer em cada aula ou módulo. Mas pouco ou nada se falou sobre o que os alunos vão fazer.

Em nossa abordagem, começamos a desenhar o curso pela definição clara dos objetivos de aprendizagem e, com base neles, criamos as experiências de aprendizagem pelas quais os alunos vão passar e o que eles farão para alcançar aquele aprendizado. As tarefas e responsabilidades do professor vão decorrer da necessidade de conduzir essas experiências e da necessidade de mediar o processo de aprendizagem do aluno, verificando como ele demonstra (ou não) o seu aprendizado. Essa abordagem tem impactos no tempo que deve ser dedicado a cada etapa, em função das atividades que os alunos vão realizar. O compromisso é com o alcance do aprendizado e não com a realização das tarefas. Reflita em como você tem desenhado e feito a preparação de seus cursos.

Quadro 1.1 Uma nova abordagem para a atividade docente

	Abordagem convencional	Abordagem proposta neste livro
Objetivos do curso.	O que o curso vai apresentar ou proporcionar; o que vai ser ensinado.	Ao final deste curso, os alunos serão capazes de...
Por onde começamos a desenhar o curso.	Lista de conteúdos a serem cobertos.	Objetivos de aprendizagem pretendidos ou competências e habilidades a serem desenvolvidas.
Preocupação ao desenhar as atividades do curso.	Foco no que o professor vai fazer ou o que vai apresentar.	Foco nas atividades que os alunos vão realizar para aprender, refletir e desenvolver as habilidades.
Preocupação (explícita ou implícita) com os resultados.	Se os alunos gostaram muito do curso.	Se os alunos aprenderam e desenvolveram as habilidades.

Fonte: Os autores.

Finalmente, é comum escutarmos professores falando do sucesso de seus cursos e mencionando como os alunos apreciaram as atividades. Em nossa proposta, o sucesso de um curso deve ser medido pelo efetivo aprendizado dos alunos. O Quadro 1.1 resume algumas das principais diferenças entre essas abordagens, e ninguém deve se sentir mal por se identificar mais com a primeira do que com a segunda. Se a abordagem convencional não prevalecesse, talvez não considerássemos tão oportuno e necessário divulgar este livro e incentivar a mudança.

Por outro lado, ninguém deve pensar, por essa breve análise das diferenças mostrada no Quadro 1.1, que a mudança seja simples e fácil. Nossa experiência no desenvolvimento de algumas centenas de docentes mostrou que a mudança de abordagem na mente dos professores é tarefa árdua e requer muito esforço, reflexão e perseverança. Maior é o esforço quanto maior for a experiência do professor na abordagem convencional, pois o hábito nos puxa para o que estamos acostumados a fazer.

Quem está começando agora deve procurar iniciar com a abordagem proposta, que consideramos mais adequada. Mas precisa manter-se firme, pois é bem possível que alguns de seus colegas o puxem para uma abordagem mais convencional, com a qual estão mais acostumados e que lhes parece mais segura e simples.

A BOA TEORIA ENSINANDO A PRÁTICA

Se você está começando a ler este livro, é bom que tenha a expectativa correta sobre o que vai encontrar aqui. Esta obra trata de ensino, de aprendizagem, de didática, de pedagogia, mas não tem a pretensão de ser uma referência para quem apenas estuda esses temas, mas para quem vai aplicá-los na prática, ou seja, vai ensinar. Esse alerta é importante, pois nossa preocupação é muito mais orientá-lo a como desenhar um curso e ministrá-lo de forma a garantir o aprendizado dos alunos, do que ajudá-lo a estudar as teorias que fundamentam as recomendações.

E, sim, as recomendações estão fundamentadas por teoria. Chamamos de boa teoria, pois está fundamentada por pesquisa empírica, a qual estudamos e na qual temos procurado nos apoiar para formar novos docentes e desenvolver aqueles que já têm experiência. Sempre que possível e conveniente, procuraremos apresentar referências, em notas de fim de capítulo, de trabalhos científicos que fundamentam a abordagem aqui proposta. Curiosamente, na sua maioria as teorias não são novas e não são desconhecidas dos bons docentes de educação básica, que estudaram educação e pedagogia. Mas são muito pouco conhecidas por docentes de ensino superior e por profissionais de treinamento e desenvolvimento que atuam em programas de educação continuada. Por fim, mesmo aqueles que bem conhecem as teorias devem refletir em que medida as utilizam na sua atividade prática.

Nossa experiência no trabalho com docentes de ensino superior nos serviu muito mais para organizarmos a forma de lhe apresentar esta nova abordagem e de empacotá-la como um método de desenho de curso que garante o aprendizado. Como método e abordagem de aplicação prática, ousamos acreditar que ela pode ser útil para docentes de qualquer nível educacional, ainda que não tenhamos evidência de seu sucesso fora do ensino superior e da educação continuada.

Assim, nossa expectativa é que você utilize este livro para aprimorar sua prática, aplicando as recomendações para garantir o aprendizado de seus alunos ou participantes de seus cursos. Nosso desejo não é apenas estimular a discussão, mas levá-lo à ação.

Um método de desenho de disciplina

DESENHO DE DISCIPLINA × DESENHO DE CURRÍCULO

Desenhar um curso, uma disciplina, não é o mesmo que desenhar um novo currículo. Embora vários dos princípios que norteiam o desenho de uma disciplina sejam comuns aos que devem nortear o desenho de um currículo completo, o escopo das duas tarefas é bastante diferente. O método de desenho que vamos abordar neste livro foi desenvolvido para o desenho de disciplina, ou seja, para o professor que terá a responsabilidade de levar seus alunos a alcançar determinados objetivos de aprendizagem, num período que pode variar de alguns dias a alguns meses, com uma carga de algumas dezenas de horas.

O desenho de um currículo de graduação ou pós-graduação, por exemplo, envolve um espectro muito mais amplo de competências que devem ser desenvolvidas pelos alunos. Essas competências apoiam-se em conteúdos de diversas áreas e por isso envolvem o trabalho de uma grande equipe de professores. Da forma como gostamos de trabalhar, vemos o currículo completo como um conjunto de trilhas de disciplinas voltadas à aprendizagem. Cada trilha de aprendizagem presta-se a desenvolver um subconjunto de competências nos alunos e é de responsabilidade de uma equipe específica de professores. A Figura 1.1 ilustra essa hierarquia entre currículo, trilha e disciplina.

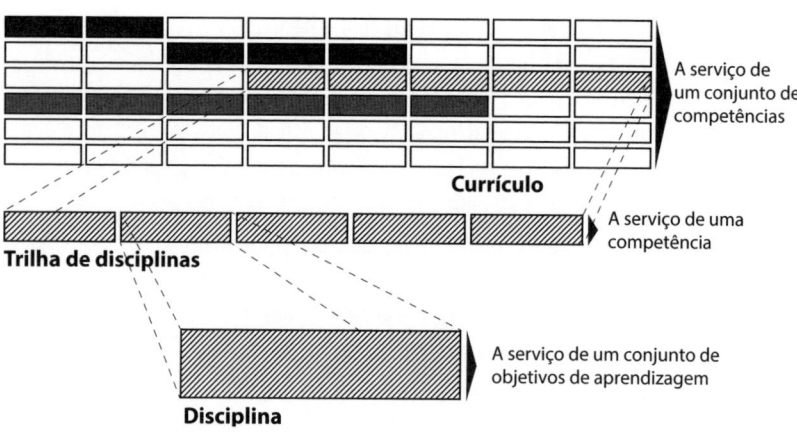

Figura 1.1 Relação entre currículo, trilha e disciplina.

Fonte: Os autores.

A disciplina é geralmente o maior componente curricular cuja responsabilidade pode ser dada a um único professor. Embora esse professor seja responsável pelo desenho da disciplina, isso não deve lhe dar total autonomia em relação a todos os aspectos dessa disciplina. Primeiro porque a disciplina terá objetivos de aprendizagem, que deverão ser alcançados pelos alunos, os quais decorrem dos objetivos da trilha, ou seja, das competências que esse conjunto de disciplinas deve desenvolver. Segundo, porque pode haver alguns princípios pedagógicos que devem ser comuns a todas as disciplinas da trilha ou a todo o currículo, que precisam ser respeitados pelo professor.

Em resumo, a disciplina não está sozinha, mas faz parte de um conjunto maior e contribui para objetivos mais amplos que os seus.

Assim, ao iniciar o desenho de sua disciplina, o professor deve conhecer quais são esses objetivos de aprendizagem do currículo, para identificar com quais habilidades ou competências sua disciplina deve contribuir, além de quais são os princípios pedagógicos que se quer reforçar e que devem nortear o desenho.

DESENHO DE CURRÍCULO

O desenho de currículo é tão ou mais importante do que o desenho das disciplinas (pois deveria estabelecer as bases para o desenho dessas) e merece um método próprio, ainda que se fundamente nos mesmos princípios. Certamente, o desenho de currículo mereceria um livro próprio e talvez no futuro venha a ter. Por ser uma atividade realizada numa frequência muito menor do que a utilizada no desenho e redesenho de disciplinas, receberá neste livro menos atenção. Não ficará, entretanto, esquecida. O último capítulo discutirá o desenho do currículo, com base nas experiências que temos tido com essa atividade no Insper.

Método PDAF®

O método PDAF® de desenho de cursos e disciplinas é um conjunto de conceitos, procedimentos e técnicas que visa ajudar os professores a desenhar e redesenhar disciplinas de forma a garantir o aprendizado dos alunos. Talvez você já tenha se deparado com algum outro método ou considere que sua experiência já lhe deu ferramentas e conhecimento suficientes para realizar essa tarefa. Ou, ainda, se interesse por novas abordagens pedagógicas, como metodologias ativas de aprendizagem, e as esteja utilizando para redesenhar suas disciplinas. Assim, parece útil que, antes de nos aprofundarmos na metodologia, você tenha uma boa ideia do que ela trata.

O QUE HÁ DE NOVO?

O nome que demos ao método de desenho de curso refere-se aos quatro elementos centrais do desenho: (P) planejamento, (D) dinâmicas de ensino-aprendizagem, (A) avaliação da aprendizagem e (F) *feedback*. Para entender o que ela traz de novo, podemos usar duas perspectivas: a perspectiva convencional, que, como já discutimos, está difundida entre a maioria dos docentes de ensino superior, e a perspectiva da bibliografia existente, que trata do desenho de cursos.

Considere o seguinte relato do desenho de uma disciplina:

> *Fernanda foi alocada para ministrar uma disciplina eletiva do curso de graduação em Administração da faculdade onde trabalhava. Ela procurou conversar com o coordenador para entender o que se pretendia e ouviu que alguns tópicos haviam sido retirados das disciplinas obrigatórias, pois não eram do interesse de todos os alunos, assim aqueles que tivessem real interesse nesses tópicos poderiam se matricular na disciplina eletiva. Fernanda listou os tópicos que deveriam ser cobertos pela disciplina eletiva e avaliou que dificilmente teria tempo suficiente para cobrir tudo de forma adequada, já imaginando que não poderia perder muito tempo com a nova tendência de*

> utilização de metodologias ativas que estava dominando o discurso das coordenações de curso. Ao listar os tópicos do conteúdo a ser coberto, Fernanda estruturou os temas numa sequência que lhe pareceu adequada, iniciando pelos conceitos e ferramentas mais básicas que, se dominadas, permitiriam aos alunos realizarem aplicações mais complexas. Ela temia que, pela velocidade que teria que imprimir ao curso, muitos alunos se perdessem pelo caminho. Pensou então em exigir dos alunos entregas semanais de listas de exercícios para tentar mantê-los ligados no curso, ainda que soubesse que não teria condições de corrigi-las e dar feedback a todos os alunos semanalmente. Fernanda preocupava-se com a alta taxa de reprovação que já podia antever, ao que a coordenação ponderava que somente bons alunos se meteriam a cursar uma eletiva tão exigente no seu último ano de graduação. Sabia que teria muito trabalho para preparar seus roteiros de aula, caso fosse trabalhar no quadro, ou os slides que utilizaria para conduzir sua exposição. Acabou decidindo pelos slides, que a ajudariam a ganhar tempo nas aulas para que aumentasse a probabilidade de cobrir todo o conteúdo, e ainda serviriam de roteiro de estudo para os alunos. Pôs-se a trabalhar.

Muitos professores experientes podem identificar-se com Fernanda, já que ela demonstra uma preocupação legítima com seus alunos e com o rigor do conteúdo apresentado a eles. Ou talvez porque ela não esteja sendo atraída pelo movimento que difunde o uso de metodologias de aprendizagem ativa. De qualquer forma, há muito tempo essa maneira de pensar um curso tem sido amplamente utilizada por professores e, na opinião de muitos, tem dado certo.

Agora considere este outro relato:

> Jonas havia voltado recentemente de um congresso de escolas de graduação em sua área e tinha tido oportunidade de participar de vários workshops de desenvolvimento que tratavam de metodologias de aprendizagem ativa. Havia escutado nos workshops testemunhos de professores que falavam da motivação de seus alunos e de como essas novas metodologias tornavam as aulas mais dinâmicas, sendo muito apreciadas pelos estudantes. Tudo aquilo fazia muito sentido para Jonas, que há algum tempo estava incomodado com a falta de energia em suas aulas e com o que ele se referia como um estado de letargia de seus alunos. Sentiu que não poderia continuar ministrando suas aulas da maneira tradicional e resolveu redesenhar sua disciplina incorporando as técnicas às quais havia sido apresentado. Procurou também ampliar seu repertório conversando com colegas de outras instituições e pesquisando alguns livros sobre o tema. Com base no que havia aprendido, redesenhou suas aulas, sempre enfatizando uma forte participação dos alunos em atividades mão na massa, seja pela realização de projetos, trabalhos ou mesmo resolução de problemas em sala. Compartilhava suas ideias com a coordenação do curso, que o incentivava a seguir neste caminho, esperando que pudesse atrair a atenção de outros professores para o mesmo movimento. Tentando antecipar a reação dos alunos, convidou alguns dos que já tinham sido aprovados em sua disciplina para conversar e expor as ideias para a próxima turma. Os alunos adoraram a ideia das novas atividades, dizendo que as aulas seriam muito mais dinâmicas e divertidas, com potencial de atrair alunos que costumavam faltar mais às aulas, achando mais produtivo estudar sozinhos pelas notas de aula e pelas provas passadas. Ao planejar cada uma das aulas, notou que a participação ativa dos alunos nas aulas consumiria tempo e, portanto, deveria repensar o conteúdo do curso, antevendo que não conseguiria cobrir tudo o que tradicionalmente estava previsto para sua

disciplina. Entendeu que a coordenação o apoiaria nessa decisão e se pôs a trabalhar já animado com a melhoria de sua avaliação pelos alunos da próxima turma.

Vários professores vão se identificar muito mais com Jonas, pois também se sensibilizaram com o discurso de quem defende as metodologias de aprendizagem ativa como forma de melhorar o aprendizado dos alunos. Muitos são considerados professores empreendedores, dispostos a testar coisas novas, enfrentar o desafio da inovação e correr o risco de transferir uma parte do controle da aula para os alunos.

Mas talvez alguns professores não se identifiquem muito com nenhum dos relatos, pois podem sentir que falta algo. Então, aqui vai mais um:

Leila iria começar suas aulas na nova instituição no próximo semestre e estava decidida a utilizar alguns conceitos e técnicas que havia aprendido num curso de formação de professores que havia feito numa outra instituição de ensino. Leila começou por buscar informações sobre todos os fatores que poderiam influenciar o desenho de sua disciplina: perfil dos alunos e seu conhecimento prévio esperado, duração do curso, expectativa realista de dedicação dos alunos fora da sala de aula, entre outros aspectos. Procurou saber se a coordenação havia definido objetivos de aprendizagem para esta sua disciplina, que no seu entendimento deveriam estar alinhados com as competências e habilidades que se pretendia desenvolver nos alunos daquele curso de graduação. A coordenação lhe falou sobre as principais competências esperadas do egresso deste curso de graduação, mas disse que não havia uma conexão direta entre essas competências e objetivos da disciplina, ainda que confessasse que esta conexão seria de fato interessante. Leila foi aconselhada a desenhar sua disciplina com base no conteúdo que deveria ser coberto, mas ela justamente havia aprendido que deveria se basear em objetivos de aprendizagem pretendidos. Tratou então de propor objetivos de aprendizagem que lhe pareceram estar conectados às competências que se pretendia desenvolver nos egressos. Um desses objetivos estava relacionado a uma habilidade relacional que ela entendeu que poderia ajudar a desenvolver na sua disciplina. Os demais, num total de cinco, estavam, sim, relacionados aos conteúdos que ela deveria cobrir, mas procuravam especificar o que os alunos, ao final da disciplina, deveriam ser capazes de fazer com aquele conteúdo (analisar, avaliar, conceber etc.). A partir dos objetivos, que Leila garantiu serem mensuráveis por algum tipo de instrumento ao final do curso, ela começou a pensar em tipos de experiências de aprendizagem, ou seja, de dinâmicas e atividades que ela poderia propor aos alunos para que eles alcançassem os objetivos propostos. Procurou ser criativa, utilizando algumas técnicas que aprendera e enfatizou o estímulo à motivação intrínseca do aluno, que facilitaria seu engajamento no processo de aprendizagem. Ela havia ouvido muito sobre metodologias de aprendizagem ativa, mas aprendeu que por si só elas não levam ao aprendizado, a não ser que estejam bem alinhadas e coerentes com os objetivos de aprendizagem que devem ser claros e mensuráveis. Estruturou a disciplina em módulos, relacionados aos objetivos de aprendizagem, para então partir para o detalhamento das aulas em cada um dos módulos. Procurou identificar oportunidades e instrumentos de avaliação formativa ao longo do curso, de forma a fornecer feedback aos alunos para ajudá-los a vencer suas dificuldades de aprendizagem. A avaliação somativa, ao final do curso, deveria mensurar o efetivo aprendizado do aluno, para o que ela já começara a imaginar como seria a rubrica utilizada para tornar a avaliação mais objetiva, além de orientar os alunos em relação ao que era esperado deles. Leila não sabia se o desenho da disciplina, como ela estava concebendo, levaria de fato ao aprendizado desejado, mas sabia que, com uma avaliação bem alinhada aos objetivos, teria informação suficiente para aprimorar o desenho para outras edições, o que ela aprendera tratar-se do processo de gestão da aprendizagem.

Se você se identificou bastante com a Leila, não precisará ser persuadido, mas talvez encontre aqui algumas dicas de técnicas e embasamento conceitual para redesenhar suas disciplinas e aprimorar o aprendizado dos seus alunos. Se você se identificou inicialmente mais com Jonas ou com Fernanda, mas ficou intrigado com o que escutou sobre Leila, este livro foi feito para você. E não há problema se você não compreendeu tudo o que leu ou não reconheceu alguns dos termos utilizados. Nossa tarefa será fazer com que tudo isso se torne familiar a você e lhe dar as ferramentas para que seja capaz de desenhar disciplinas e cursos de educação continuada que estejam efetivamente voltados ao aprendizado dos seus alunos. Você aprenderá cada um dos quatro elementos do desenho de um curso (**P**lanejamento, **D**inâmicas, **A**valiação e *F*eedback) e poderá, por meio de rubricas, avaliar seu próprio desenho de disciplina, fornecendo *feedback* a si mesmo.

Talvez você esteja pensando que se você pode aprender isso sozinho, sem um professor para fazer a mediação, por que seria necessário tanto esforço de sua parte para garantir o aprendizado de seus próprios alunos?

Uma premissa importante desse método é que os alunos que pretendemos formar não são indivíduos completamente autônomos e automotivados. Eles não são como você e não necessariamente têm a mesma motivação por aprender. Por isso, não vão aprender da mesma forma pela qual você aprendeu. Ignorar isso é um dos maiores erros dos professores. Seus alunos precisam que você planeje e execute uma sequência de experiências de aprendizagem cuidadosamente definidas para alcançar determinados objetivos. Precisam que você lhes dê *feedback* a partir do desempenho que apresentam nas tarefas que você vai propor. Eles requerem a sua mediação no processo de aprendizagem. Pretendemos preparar você para isso.

QUATRO ELEMENTOS ALINHADOS

As principais inspirações para o desenvolvimento desse método foram dois trabalhos anteriores que nos trouxeram a visão de que o processo de desenho de um curso deveria seguir determinados passos para garantir o aprendizado.

O primeiro foi o livro *Creating significant learning experiences* (2003), de L. Dee Fink,[1] que propõe uma abordagem integrada para o desenho de cursos com base em três elementos que devem estar integrados: (i) objetivos de aprendizagem; (ii) atividades de ensino e aprendizagem; e (iii) *feedback* e avaliação. Os autores propõem uma taxonomia específica para auxiliar na definição dos objetivos de aprendizagem e alertam que o desenho integrado deve levar em consideração uma série de fatores situacionais que estabelecem restrições para o que pode ser viável realizar.

O segundo foi o livro *Understanding by design* (2005), de Grant Wiggins e Jay McTighe,[2] que propõe um processo bastante estruturado denominado *backward design*, com uso de *templates* para o desenho de cursos. O processo sequencial se inicia com a definição dos resultados desejados em termos de aprendizagem, segue com a determinação de evidências de aprendizagem que possam mostrar o desempenho dos alunos, para finalmente planejar experiências de aprendizagem e atividades instrucionais que levem ao aprendizado desejado.

O método PDAF®, em sua estrutura, não difere significativamente dos dois modelos apresentados. As principais diferenças estão nos detalhes das técnicas propostas para cada um dos elementos que compõem o desenho, que combinam outras fontes que nos inspiraram e que serão citadas no decorrer dos capítulos. A sigla PDAF representa os quatro elementos do desenho de um curso ou disciplina. A princípio, não há uma sequência que deva necessariamente ser seguida, sendo o mais importante que os quatro elementos estejam alinhados e integrados ao final, como ilustra a Figura 1.2.

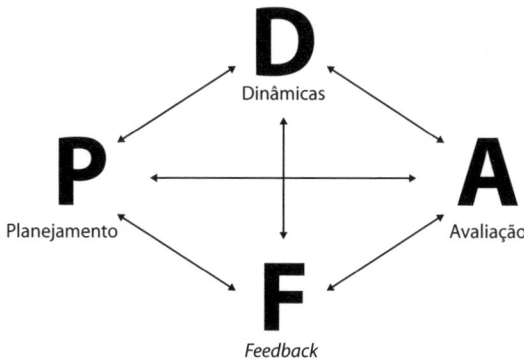

Figura 1.2 Metodologia PDAF®.

Fonte: Os autores.

Ainda que normalmente seja útil iniciar pelo planejamento, com a definição dos objetivos de aprendizagem, não é incomum que se inicie pelos conteúdos, ou pelas dinâmicas, quando se tem uma ideia interessante para uma experiência de aprendizagem, ou por um instrumento de avaliação. De fato, o mais importante é que ao final de um processo que pode ser iterativo os quatro elementos estejam integrados e alinhados.

No restante deste capítulo, vamos apresentar-lhe uma visão geral dos quatro elementos do método e, se tivermos sucesso, iremos incentivá-lo a ir mais fundo em cada um deles nos demais capítulos, aprendendo técnicas que podem lhe ser muito úteis, assim como rubricas que vão lhe permitir fazer uma autoavaliação do seu desenho.

Planejamento do curso

Normalmente, iniciamos o desenho de um novo curso pelo seu planejamento, embora isso não seja obrigatório, como já comentamos. O planejamento tem dois objetivos: um deles refere-se ao alinhamento ao ambiente externo do curso, que chamamos de fatores contextuais ou situacionais, e o outro ao seu alinhamento interno, como ilustra a Figura 1.3.

ALINHAMENTO AOS FATORES EXTERNOS

No aspecto externo, precisamos identificar todas as restrições às quais a disciplina ou curso estará submetida. Parte dessas restrições vem, como já comentamos na Figura 1.1, da trilha de aprendizagem e do currículo no qual a disciplina está inserida. Daí se destacam as competências e as habilidades que se quer desenvolver nos alunos, a abordagem pedagógica e didática que eventualmente se quer que prevaleça no currículo (por exemplo, aprendizado centrado no aluno, aprendizagem baseada em projetos etc.), a modalidade de ensino (presencial, a distância ou híbrida), a carga horária disponível, o regime de estudos (integral ou parcial, diurno ou noturno, imersivo ou espaçado), entre outros aspectos. Outras restrições virão de aspectos mais relacionados com os alunos, como a sua motivação para estar no curso, o tempo disponível de dedicação fora da sala de aula, o conhecimento prévio que trazem para o curso, o nível de heterogeneidade da turma, o nível de maturidade dos alunos, a predisposição a abordagens pedagógicas, entre outros aspectos. Finalmente, aspectos relacionados com o professor ou professores que estarão a cargo da disciplina também podem condicionar o desenho. Entre esses aspectos estão o grau de domínio do conteúdo relacionado, o portfólio de recursos didáticos que o professor domina, assim como sua atitude em relação ao novo, ao incerto e ao risco, entre outros aspectos.

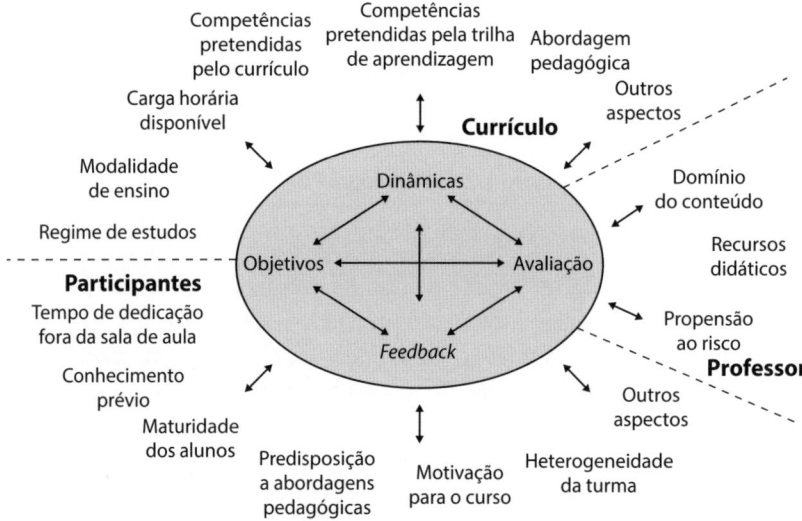

Figura 1.3 Alinhamento externo e interno no desenho do curso ou disciplina.

Fonte: Os autores.

Cabe então ao professor mapear os principais aspectos externos que podem influenciar o desenho do curso e identificar como eles podem condicionar, favorecer ou limitar as escolhas que deverão ser feitas no desenho. Da mesma forma, ele deve analisar a si próprio, para avaliar como suas características pessoais afetam essas escolhas, além da sua predisposição a lidar com o novo.

É muito importante enfatizarmos aqui que o que se busca é o ALINHAMENTO e não necessariamente a subordinação do desenho do curso aos aspectos externos. Isso significa que o professor deve estar disposto a desafiar a condição externa para favorecer as escolhas do desenho do curso que melhor contribuam para o aprendizado dos alunos, que é o principal objetivo a ser alcançado. Isso pode ser feito questionando e sugerindo alterações nos aspectos do currículo (carga horária, abordagem pedagógica ou modalidade de ensino, por exemplo), dos participantes (seleção, equalização de conhecimento, por exemplo) ou de si próprio (desenvolvimento de novas habilidades didáticas, por exemplo).

OBJETIVOS DE APRENDIZAGEM

No aspecto interno, a tarefa consiste em conceber o curso, ainda sem muito detalhe, procurando garantir que seus principais elementos estão alinhados e coerentes. O primeiro passo é definir de maneira clara os objetivos de aprendizagem do curso, ou seja, o que os alunos serão capazes de fazer ao final do curso com o conteúdo que vão aprender. Esses objetivos devem ser claros, expressar níveis cognitivos adequados e ser mensuráveis. Os objetivos devem claros e compreensíveis para todos os professores que venham a ministrar o curso, mas também devem ser claros para os alunos, pois precisamos que eles se engajem no seu próprio processo de aprendizagem e para isso devem ter clareza em relação aonde vão chegar.

Os níveis cognitivos definem o grau de profundidade do aprendizado e o que os alunos serão capazes de realizar. Podem ser de níveis mais baixos, como conhecer e compreender um conteúdo, de níveis médios, como ser capaz de aplicar determinadas técnicas ou analisar determinados fenômenos, ou ainda de níveis mais altos, como ser capaz de avaliar um processo ou conceber novos. Pense, por exemplo, num conteúdo relacionado com gastronomia. Um nível poderia ser o de conhecer ingredientes e compreender seus potenciais nutritivos; outro seria a capacidade de preparar um prato a partir da compreensão de uma receita, aplicando técnicas de preparo; outro ainda seria a capacidade de conceber novos pratos com poder nutritivo balanceado e combinando adequadamente sabores e texturas. Pois é, não basta listar os conteúdos que serão tratados no seu curso, mas é necessário especificar o que espera que seus alunos sejam capazes de fazer ao final.

Os objetivos devem ser mensuráveis e para isso os alunos deverão realizar tarefas em que possam demonstrar ter alcançado o nível cognitivo desejado. Se o aprendizado não pode ser mensurado, o objetivo não passará de um desejo que nunca se saberá se foi realizado. Se o objetivo é de que os alunos sejam capazes de conceber um novo prato, devem ser ao final colocados em uma situação em que tenham de escolher os ingredientes a partir de uma grande variedade de opções disponíveis, aplicar as técnicas adequadas de preparo e explicar o que pretendiam obter e por quê. Se essa atividade não está disponível, não se pode mensurar esse objetivo, sendo necessário se contentar com níveis cognitivos mais baixos.

DESENHO MACRO DO CURSO

Uma vez definidos os objetivos de respectivos conteúdos associados, o restante do planejamento envolve estabelecer, ainda que de forma pouco profunda, a que tipo de dinâmica e experiências de aprendizagem (que tipo de atividade vai acontecer em sala de aula, por exemplo) o aluno estará exposto, que tipo de tarefa deverá realizar para mostrar o aprendizado esperado, assim como que tipo de *feedback* e com que frequência será possível fornecer ao aluno, para que ele reflita sobre seu aprendizado e vença seus obstáculos de aprendizagem. Com esses elementos esboçados, é possível avaliar se os recursos necessários estarão disponíveis, se a carga horária disponível parece suficiente, além de avaliar como essa concepção básica se relaciona com todos os aspectos do contexto externo já mencionados.

No Capítulo 2, você vai conhecer mais profundamente como elaborar objetivos de aprendizagem claros, mensuráveis e com níveis cognitivos adequados, a partir do conhecimento e da aplicação de conceitos e técnicas, além de como avaliar seus objetivos de aprendizagem contra uma rubrica que vamos sugerir.

Uma vez que se chegue a uma concepção adequada para o curso, podemos partir para o detalhamento dos demais elementos, ou seja, dinâmicas, avaliação e *feedback*.

Dinâmicas de ensino-aprendizagem

As dinâmicas de ensino-aprendizagem são o que o senso comum mais diretamente relaciona com o trabalho do professor. Afinal, considera-se que trabalho de professor é dar aulas. Ainda que aqui estejamos enfatizando todos os quatro elementos como fundamentais para assegurar o aprendizado, de fato as dinâmicas têm um papel preponderante.

As dinâmicas de ensino-aprendizagem referem-se a todas as atividades que os alunos vão realizar ou às quais serão expostos durante o curso, que têm o potencial de desenvolver seu aprendizado. O foco aqui é o aluno, mas certamente associadas a essas atividades estão as tarefas do professor, que será responsável por conduzir, facilitar e mediar o processo de aprendizagem do estudante.

Envolvem tanto atividades que o aluno vai realizar sozinho (leituras, vídeos, reflexões, trabalhos etc.), como as que vai realizar em contato com o professor e/ou com seus colegas. Tomando como base o encontro presencial, envolve tanto atividades realizadas antes do encontro, como durante e depois, como ilustrado pela Figura 1.4.

As dinâmicas podem ser de vários tipos, e o mais importante é reconhecer que diferentes tipos de dinâmica são adequados para trabalhar diferentes níveis cognitivos de aprendizagem, sendo fundamental que sua definição esteja coerente com os objetivos de aprendizagem pretendidos. Além disso, a definição das dinâmicas deve levar em consideração todos os aspectos contextuais ilustrados pela Figura 1.3, tanto no que se refere ao currículo (carga horária disponível, modalidade de ensino, por exemplo), como os relativos ao aluno e ao próprio professor. As possibilidades de utilização de dinâmicas são inúmeras, mas em grande medida elas estarão vinculadas ao seu repertório como professor. Dificilmente você vai conseguir garantir o aprendizado dos seus alunos com um repertório muito restrito de dinâmicas de ensino-aprendizagem.

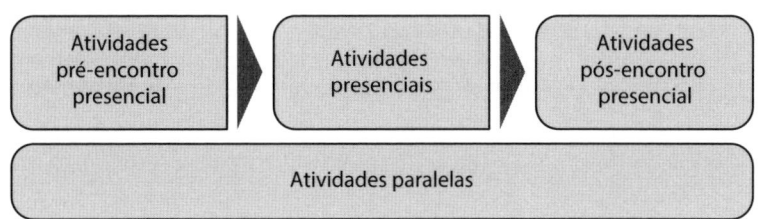

Figura 1.4 Escopo das dinâmicas de ensino aprendizagem.

Fonte: Os autores.

DINÂMICAS ALINHADAS AOS OBJETIVOS DE APRENDIZAGEM

Neste livro, partimos do pressuposto de que o aluno aprende por experiência e reflexão, ou seja, para aprender, ele deve praticar atividades relacionadas com o nível cognitivo do objetivo de aprendizagem, avaliar seu desempenho por meio de autoavaliação ou recebendo *feedback* externo, do professor ou de seus colegas, refletir sobre esse desempenho, identificando formas de aprimorá-lo, seja sozinho ou com o apoio de um professor que vai mediar esse processo.

Alunos motivados e com especial predisposição para aprender determinado conteúdo podem prescindir dessa mediação e podem ser capazes de planejar suas atividades de aprendizagem, acessar o conteúdo, experimentar a sua aplicação e se autoavaliar para aprender. A propósito, a autonomia de aprendizagem é uma das competências que nós professores, por meio dos currículos, deveríamos ajudar a desenvolver nos alunos. Entretanto, essa não é a realidade da grande maioria dos alunos que recebemos em nossos cursos, sejam de graduação, pós-graduação ou educação continuada. Justamente por isso é que a escolha das atividades de ensino-aprendizagem, de forma coerente com os objetivos, assim como a sua condução competente por parte do professor, são tarefas tão importantes.

Embora muitos docentes estejam principalmente acostumados a dinâmicas mais centradas no professor, como aulas expositivas (*lectures*), por exemplo, há uma grande variedade de dinâmicas que podem ser utilizadas para atingir objetivos específicos. A quantidade de diferentes dinâmicas é tão grande, que dificilmente um professor será capaz de testar todas elas, quanto menos de dominá-las.

As dinâmicas podem assumir que o aluno tenha uma postura mais passiva, como, por exemplo, em atividades como leitura, assistir a um vídeo, aulas expositivas, ou uma postura bastante ativa, como em atividades de *role playing* ou execução de projetos. Normalmente, consideramos atividades em que o aluno está mais passivo, e nas quais o professor tem mais controle sobre a atividade, como mais adequadas a níveis cognitivos mais baixos (conhecer, compreender), enquanto que para aprendizado em níveis cognitivos mais altos (avaliar, criar) são necessárias atividades em que o aluno está mais ativo e o professor tem menos controle sobre a atividade. Entretanto, não há uma receita que relacione tipos de atividades a objetivos de aprendizagem, pois isso pode depender do tema ou conteúdo ensinado. A Figura 1.5 ilustra o conceito da adequação de tipos de dinâmica de ensino-aprendizagem ao nível cognitivo dos objetivos que se pretende atingir.

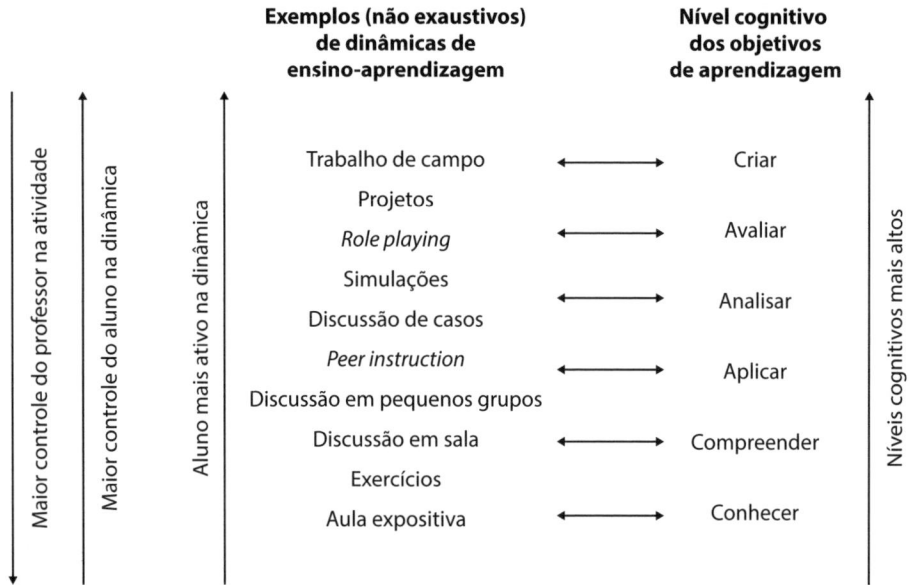

Figura 1.5 Adequação das dinâmicas de ensino-aprendizagem aos objetivos de aprendizagem.

Fonte: Os autores.

A lista de dinâmicas da Figura 1.5 é claramente não exaustiva e visa apenas exemplificar tipos diferentes em termos de sua adequação ao nível cognitivo dos objetivos, da postura do aluno na dinâmica, além de indicar quem detém mais controle sobre a atividade. Atividades nas quais o professor detém mais controle são também denominadas centradas no professor. As atividades nas quais o aluno detém mais controle e tem uma postura mais ativa são também denominadas centradas no aluno. Fica claro, portanto, que se desejamos alcançar níveis cognitivos mais altos, enfocando o desenvolvimento de competências, precisamos adotar dinâmicas mais centradas no aluno, exigindo do professor uma postura diferente da qual ele normalmente está mais acostumado e se sente mais confortável.

USO DA MOTIVAÇÃO DO ALUNO A FAVOR DA APRENDIZAGEM

Além de pensar dinâmicas que estejam alinhadas aos objetivos pretendidos, você deve ter outra preocupação fundamental: estimular, por meio das atividades propostas, a motivação intrínseca do aluno para o aprendizado.

Há muitas evidências de que alunos motivados para o aprendizado aprendem mais e melhor. Não é muito difícil reconhecer isso. Muitos pais se surpreendem com filhos que, embora não apresentem desempenho escolar extraordinário, demonstram aprendizado autônomo excepcional quando o assunto lhes traz muito interesse, como aprender técnicas novas para um jogo de *videogame*, por exemplo. Muitos se perguntam: "se meu filho é capaz de aprender tudo isso e desenvolver toda essa técnica de execução e ainda pensar estrategicamente, por que ele não usa esta capacidade no ambiente escolar?"

A resposta é que nem sempre, ou muito raramente, o ambiente escolar estimula essa motivação intrínseca para o aprendizado. Quando não se está diante de alunos autônomos e automotivados, como já discutimos anteriormente, esta é definitivamente uma responsabilidade do professor. Mas o que significa essa motivação intrínseca? Como podemos estimulá-la? A Figura 1.6 ilustra de maneira simplificada os diferentes graus de motivação do aluno,[3] exemplificando os diferentes discursos que representariam a atitude do aluno em relação a determinado curso.

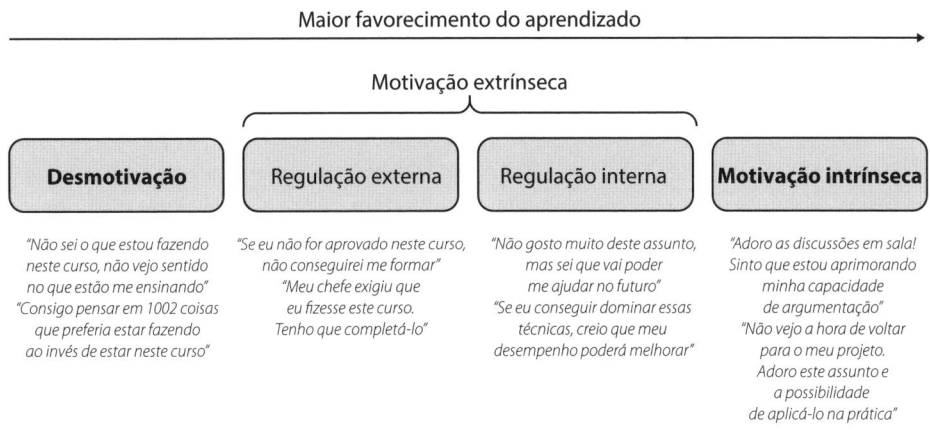

Figura 1.6 Graus de motivação do aluno.

Fonte: Adaptada de RYAN, R. M.; DECI, E. L. Self-determination theory and the facilitation of intrinsic motivation, social development, and well-being. *American Psychologist*, v. 55, n. 1, p. 68-78, 2000.

Como já dissemos, quanto mais intrinsecamente motivado o aluno, maior será o favorecimento para seu aprendizado. Cabe então ao professor desenhar dinâmicas e experiências de aprendizagem que estimulem a motivação intrínseca. Essa motivação tem um poder surpreendente sobre o aprendizado e na nossa experiência. Quando atingimos esse estado, liberamos um poder de dentro do aluno que é até difícil de controlar. O aluno aprende praticamente sozinho e pode exigir do professor muito mais do que ele pode estar preparado para entregar. Por isso, é necessária uma postura muito diferente do professor, que não pode mais se imaginar como fonte do conhecimento, mas como um facilitador, um motivador e um mediador do processo de aprendizagem. Mas certamente o resultado vale a pena.

A teoria indica que a motivação intrínseca é estimulada por três fatores principais, que devem ser levados em consideração quando desenhamos dinâmicas de ensino-aprendizagem. O primeiro é a autonomia do aluno em relação ao que vai aprender e a como vai aprender. Obviamente, isso está limitado pelos objetivos de aprendizagem que buscamos alcançar, mas sempre há espaço para dar autonomia ao aluno, ainda que de forma crescente ao longo do curso. O segundo é o senso de propósito em relação ao que se vai aprender. Quanto mais valor o aluno enxergar no que vai aprender e quanto mais o tema criar conexões com ele, sua realidade e sua cultura e valores, maior será este senso de propósito. O terceiro fator refere-se ao senso de competência, a noção que o aluno deve ter de que será capaz de aprender. Isso indica que devemos programar as dinâmicas e os desafios, incorporando auxílio aos alunos, na forma de suporte ou *feedback*, numa medida que o aluno tenha boa probabilidade de apresentar bom desempenho. Desafios considerados impossíveis ou falta de mediação e *feedback* do professor podem minar o senso de competência do aluno e reduzir drasticamente a motivação.

Obviamente, não é possível manter o aluno intrinsecamente motivado a todo momento, e às vezes isso pode ser bastante difícil. Portanto, o professor deve usar uma combinação de estímulos para motivação intrínseca e extrínseca para garantir um bom nível de motivação do aluno. Nesse sentido, quando falamos de motivação extrínseca, devemos dar ênfase ao que chamamos de regulação interna na Figura 1.6, pois embora extrinsecamente, ela está também relacionada com o aprendizado do conteúdo do curso e não apenas com o ato de completar um curso ou nele ser aprovado, como é o caso dos estímulos denominados regulação externa na Figura 1.6.

No Capítulo 3, todos esses conceitos sobre o tema de dinâmicas de ensino-aprendizagem serão aprofundados, e você vai conhecer mais sobre diferentes dinâmicas, além de técnicas para desenvolver a motivação intrínseca do aluno para o aprendizado.

Avaliação da aprendizagem

A avaliação da aprendizagem talvez seja o elemento mais negligenciado na formação dos professores, notadamente no ensino superior. É bastante difícil encontrar um professor que relate ter passado por um programa de formação que abordasse a avaliação da aprendizagem com uma profundidade razoável. Entretanto, consideramos a avaliação tão importante, que no método PDAF® nós a dividimos em dois elementos: avaliação e *feedback*.

Inicialmente, é importante destacar que a avaliação é fundamental em qualquer tipo de curso, seja de graduação, pós-graduação ou mesmo de educação continuada. Cursos de educação continuada não têm requisitos regulatórios de avaliação de desempenho dos alunos, o que faz com que muitas vezes eles não incluam atividades avaliativas. Entretanto, lembre-se de que essa metodologia de desenho de curso visa garantir o aprendizado dos alunos, e sem atividades de avaliação isso é praticamente impossível. Assim, mesmo os professores de educação continuada devem estar atentos a esse elemento da metodologia e incluir em seu desenho atividades que lhes permitam avaliar se e o quanto os alunos estão efetivamente aprendendo.

AVALIAÇÕES ALINHADAS AOS OBJETIVOS

Basicamente, na avaliação da aprendizagem coletamos informações sobre o desempenho dos alunos em atividades que possam refletir seu aprendizado em comparação aos objetivos de aprendizagem pretendidos. Portanto, assim como as dinâmicas de ensino-aprendizagem, também a avaliação deve estar alinhada e coerente com os objetivos de aprendizagem, principalmente em relação aos seus níveis cognitivos. Vários instrumentos podem ser utilizados para coletar essas informações sobre o aprendizado dos alunos: questões objetivas de múltipla escolha, questões tipo verdadeiro/falso, questões para completar frases, questões abertas e discursivas, projetos, apresentações, entre muitos outros. Alguns desses instrumentos são mais adequados para avaliar o aprendizado em níveis cognitivos mais baixos, enquanto outros são mais adequados para avaliar o aprendizado em níveis cognitivos mais altos. Assim, você deve identificar com muita clareza que objetivo de aprendizagem quer avaliar para que possa escolher um instrumento adequado.

CRITÉRIOS PARA UMA AVALIAÇÃO EFICAZ

Uma avaliação eficaz deve atender a alguns critérios básicos, e vamos comentar aqui alguns dos principais. O principal critério é o de que a avaliação deve ser válida, isto é, deve ser capaz de mensurar com razoável precisão o que se quer medir. Há duas condições principais para que se tenha uma avaliação válida. Em primeiro lugar, ela deve estar alinhada aos objetivos de aprendizagem pretendidos, como já comentamos. Além disso, ela deve ser capaz de engajar os alunos de forma que eles realmente demonstrem o quanto aprenderam. Para isso, os alunos devem ver valor na realização da atividade avaliativa, seja porque reconhecem que vai lhes fornecer uma informação útil sobre seu próprio desempenho (motivação intrínseca), seja porque o desempenho aferido vai influenciar alguma decisão de outros que lhes afeta (motivação extrínseca).

Outro critério importante é a confiabilidade. Os resultados das avaliações devem ser comparáveis ao longo do tempo, e os alunos devem apresentar desempenho similar independentemente do momento em que são expostos aos instrumentos de avaliação. Outros critérios relevantes serão discutidos em capítulo específico.

TIPOS E FINALIDADES DA AVALIAÇÃO

Esta coleta de informações sobre o aprendizado do aluno pode se prestar a diferentes finalidades que caracterizam diferentes tipos de avaliação: diagnóstica, formativa e somativa. Os três tipos estão ilustrados na Figura 1.7.

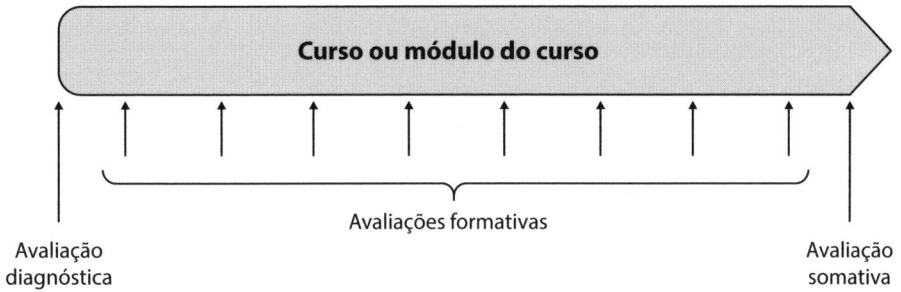

Figura 1.7 Tipos de avaliação de acordo com a finalidade.

Fonte: Os autores.

A avaliação diagnóstica permite avaliar o estado do aprendizado dos alunos em determinado momento. É geralmente aplicada no início do curso e pode fornecer informações relevantes tanto para o professor como para os alunos. O professor pode se valer dessa informação para avaliar o que os alunos já sabem e o que ainda devem aprender, de forma a revisar seu planejamento e concentrar seus esforços nas principais lacunas apresentadas pelos alunos. Essa avaliação também pode permitir que o professor avalie quão heterogênea é a turma de alunos que vai ter nas mãos, para que conceba estratégias para equalizá-la no início do curso. Aos alunos, a avaliação diagnóstica pode dar uma noção da sua condição no momento, o que pode ser fundamental para ajudar a estimular sua motivação para o aprendizado e orientar seus planos individuais de desenvolvimento.

A avaliação formativa, também denominada avaliação **para** o aprendizado, é aquela realizada ao longo da dinâmica de ensino-aprendizagem e tem a finalidade de fornecer ao aluno a informação sobre o seu desempenho em realizar atividades que expressem seu aprendizado, de forma que ele possa refletir e buscar seu próprio aprimoramento. Essa avaliação é de fundamental importância para o aprendizado e recebe destaque na metodologia PDAF®, sendo tratada em separado como *Feedback* mais adiante neste capítulo e recebendo um capítulo à parte.

A avaliação somativa é denominada avaliação **do** aprendizado, realizada ao final do curso ou de seus módulos e tem duas finalidades principais. A mais importante e menos óbvia é possibilitar a gestão da aprendizagem, ou seja, permitir que a partir dos resultados alcançados o professor faça o diagnóstico das lacunas de aprendizagem e reveja o desenho do seu curso em todos os seus elementos para aprimorar no futuro o aprendizado de seus alunos. Quando se tem o objetivo genuíno de garantir o aprendizado dos alunos, esta é realmente a principal função da avaliação somativa. A segunda função é a de atestar o aprendizado do aluno, de forma que ele possa ser certificado em relação ao seu aprendizado e possa progredir a outras etapas do seu processo de formação.

Essa é a função mais óbvia e a primeira que vem à mente dos professores, principalmente daqueles que ensinam em cursos de graduação e pós-graduação, pois essa avaliação é normalmente um requisito regulatório. Inclusive, em função disso, professores que ensinam em cursos livres e de educação continuada têm a falsa noção de que não cabe avaliação somativa nesse tipo de curso, pois o aluno não iria se dispor a realizá-la. Entretanto, apesar de a ausência da motivação extrínseca para a avaliação nesses cursos não favorecer o engajamento dos alunos na sua execução, ela continua fundamental, requerendo do professor criatividade para desenhar atividades avaliativas capazes de engajar os alunos e, assim, lhe fornecer informações válidas sobre o aprendizado deles.

AVALIAÇÃO COMO INDUTORA DE ATITUDE DO ALUNO

A avaliação somativa tem em geral um poder imenso de indução de atitude no aluno e isso pode atuar a favor ou contra o aprendizado. É comum professores ouvirem de seus alunos, logo após apresentar o curso que vão iniciar, questionamentos sobre como serão avaliados. Além disso, os alunos geralmente obtêm acesso a instrumentos de avaliação de edições passadas do curso ou disciplina, buscando informação sobre como devem se preparar para a avaliação. Isso pode condicionar fortemente sua atitude em relação ao processo de ensino-aprendizagem. É inútil, por exemplo, ter ambição de desenvolver competências com níveis cognitivos muito altos, se os alunos percebem que a avaliação somativa enfatiza níveis cognitivos mais simples, pois é para esses que vão se preparar e colocar seus esforços de aprendizagem.

A avaliação somativa tem o poder de induzir a atitude do aluno e deve ser utilizada levando isso em conta. Se você deseja mudar a atitude de seus alunos, comece por repensar a forma como você os avalia.

No Capítulo 4, você vai ter a oportunidade de conhecer mais sobre avaliação, incluindo como escolher instrumentos adequados e como utilizar rubricas para avaliar e gerar resultados válidos e confiáveis.

Feedback

O *feedback*, da forma como tratamos aqui, está bastante relacionado com a avaliação formativa, já discutida quanto tratamos de avaliação. A avaliação formativa fornece informações de monitoramento do aprendizado, tanto para o aluno como para o professor, para que ambos possam corrigir erros e aprimorar sua atuação no processo de ensino-aprendizagem. Entretanto, destacamos aqui o papel da avaliação formativa de ajudar o aluno a reconhecer suas dificuldades e suas conquistas. Consideramos esse papel muito relevante para o aprendizado, a ponto de separá-lo das outras dimensões da avaliação, para que você dê a ele a devida atenção.

Mantendo o foco no aluno, o *feedback* tem dois papéis importantes. Um deles está relacionado com o estímulo à motivação intrínseca do aluno ao aprendizado. Discutimos que um dos elementos que favorecem a motivação intrínseca é o senso de competência por parte do aluno. Estimular esse senso de competência do aluno requer que, por um lado, o desenho do curso inclua elementos que auxiliem o aluno durante sua experiência de aprendizagem, como um andaime ajuda um trabalhador na sua tarefa de dar acabamento na fachada de um prédio. Por outro, requer que o aluno seja capaz de reconhecer suas conquistas no processo de aprendizagem. Aqui o *feedback* tem papel importante.

O outro papel é o de ajudar o aluno a compreender por que está tendo dificuldade de aprender, ajudar-lhe a diagnosticar as causas de suas dificuldades, orientar seu esforço para os temas de maior dificuldade, quais são os equívocos conceituais (*misconceptions*) que estão lhe impedindo de compreender novos conceitos e que precisam ser desconstruídos. A propósito, quando um professor experiente identifica esses equívocos conceituais mais frequentes, pode incluí-los na avaliação diagnóstica para que já lide com eles nas suas dinâmicas de aprendizagem, caso perceba que são comuns à maioria dos alunos. Mas muitas vezes é necessário que cada aluno perceba esses equívocos de maneira individualizada, fazendo com que o *feedback* tenha papel importante.

Fornecer *feedback* com a profundidade e frequência adequada aos alunos pode ser um grande desafio, pois essa atividade pode consumir muito do tempo do professor. Por essa razão, esse elemento fundamental para o aprendizado do aluno muitas vezes é deixado de lado, pelo esforço que costuma requerer. Aí está uma das maiores falhas no trabalho do professor, ainda mais quando não tem nas mãos alunos autônomos, automotivados e com facilidade de aprendizado no tema tratado. Sem *feedback*, é muito difícil garantir o aprendizado dos alunos.

A boa notícia é que há técnicas que podem tornar a atividade de *feedback* bastante eficiente em termos de utilização de recursos do professor, seja pelo uso de tecnologia, seja usando artifícios como avaliação entre pares e autoavaliação.

Desnecessário dizer que aqui também valem os princípios de validade da avaliação que serão a base do *feedback*, ou seja, o alinhamento aos objetivos de aprendizagem e o engajamento do aluno na atividade de avaliação formativa.

Mas o *feedback* pode ir além de avaliações formativas formais, pois a atividade de *feedback* do professor para o aluno pode ser feita a partir de qualquer manifestação de aprendizagem pelo aluno, seja em debates, respondendo a perguntas de discussão feitas pelo professor, formulando perguntas ao professor, argumentando com os colegas, entre outras. Há inúmeras oportunidades ao professor atento para que verifique o aprendizado dos alunos.

Usando o método PDAF® para desenho de curso

Desenhar ou redesenhar um curso para garantir o aprendizado dos alunos não é uma tarefa simples e pode ser trabalhosa. A forma simples é a convencional, baseada nos conteúdos que serão apresentados e com foco nas atividades que o professor vai realizar e não no aprendizado dos alunos. Mas não se pode ter tudo. Você deve fazer suas escolhas no início do seu trabalho e se estiver genuinamente interessado no aprendizado de seus alunos, o método PDAF® aqui apresentado poderá lhe ser bastante útil.

Neste capítulo, você teve uma visão geral dos vários elementos da metodologia. Não é o suficiente para que você inicie o desenho. O ideal é que você se aprofunde nos conceitos, nas técnicas e nas dicas que preparamos para você nos capítulos dedicados a cada um dos elementos P, D, A e F. Mas como acreditamos que o melhor aprendizado é favorecido pela motivação intrínseca, se você não estiver prestes a desenhar um novo curso, talvez não seja o melhor momento para ler o restante do livro. Este primeiro capítulo já lhe apresentou os elementos da metodologia e você já tem uma boa ideia do que vai encontrar nos demais capítulos. Já sabe onde procurar, quando de fato for usar.

Caso você pretenda iniciar o trabalho, então deixe-nos sugerir um plano de trabalho. Esse plano envolve uma sequência de ações que está ilustrada na Figura 1.8. Como já dissemos, o mais importante não é a sequência de atividades, mas a garantia, ao final, de que todos os elementos estão alinhados.

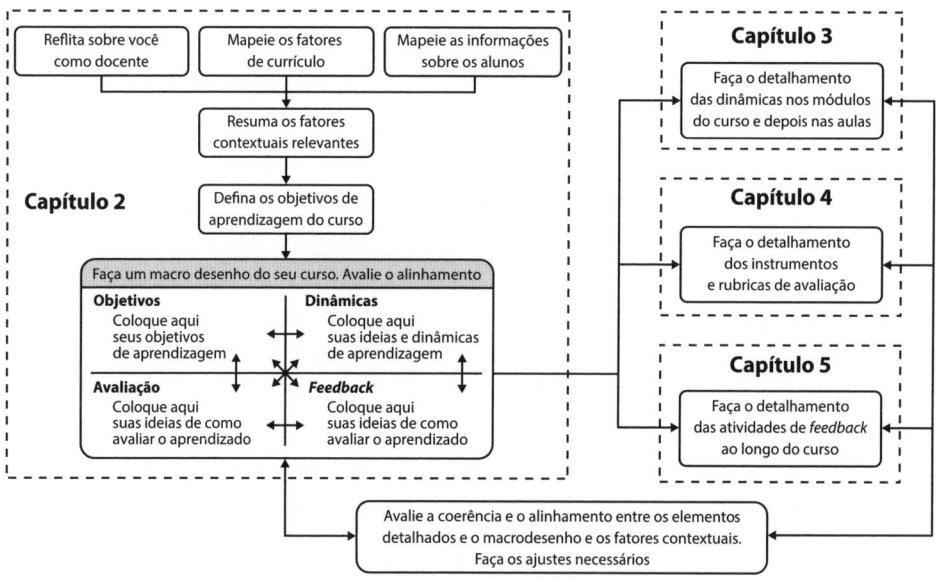

Figura 1.8 Uma proposta de processo para desenho de curso com o método PDAF®.

Fonte: Os autores.

Inicie lendo o Capítulo 2 e preparando-se para elaborar um desenho macro do seu curso, com esboços dos quatro elementos. Para isso, reflita sobre você como docente, avaliando em que medida está disposto a inovar, que tipo de dinâmicas de ensino-aprendizagem você domina, entre outros aspectos. Mapeie todos os fatores curriculares que podem representar restrições e diretrizes para o seu curso. Busque informações sobre os futuros alunos de seu curso. Analise e resuma os principais fatores contextuais relevantes para o desenho do seu curso.

Defina seus objetivos de aprendizagem, atendendo aos fatores contextuais, aos critérios de clareza e mensurabilidade, e garantindo níveis cognitivos adequados. A partir dos objetivos, procure elaborar um desenho macro do seu curso, colocando numa matriz as suas ideias para cada um dos demais elementos: dinâmicas de ensino-aprendizagem, avaliações e atividades de *feedback*. Procure avaliar se suas ideias formam um todo que possua alinhamento, tanto em relação aos fatores contextuais relevantes como entre os próprios elementos.

Para iniciar a concepção das dinâmicas de ensino-aprendizagem, leia o Capítulo 3. Utilizando as técnicas e as dicas que aprenderá no capítulo, procure estruturar seu curso em módulos que se relacionem com os objetivos de aprendizagem. Procure detalhar as dinâmicas para cada aula ou encontro, especificando dinâmicas pré e pós-encontro. Avalie se suas dinâmicas estão coerentes com seu macrodesenho. Faça os ajustes necessários.

Leia o Capítulo 4. Utilizando os conceitos, as técnicas e as dicas que aprenderá no capítulo, procure determinar seus instrumentos de avaliação e as rubricas que vai utilizar. Avalie se os instrumentos estão alinhados aos objetivos de aprendizagem e às dinâmicas propostas. Faça os ajustes necessários.

Leia o Capítulo 5. Utilizando os conceitos, as técnicas e as dicas que aprenderá no capítulo, procure determinar seus instrumentos de avaliação formativa e *feedback* aos alunos. Avalie se os instrumentos estão alinhados aos objetivos de aprendizagem e às dinâmicas propostas. Faça os ajustes necessários.

Ao final, faça uma avaliação geral do alinhamento entre todos os elementos detalhados e seu macrodesenho e os fatores contextuais. Faça os ajustes necessários.

Bom trabalho!

O QUE VOCÊ APRENDEU NESTE CAPÍTULO?

Neste capítulo, você compreendeu a diferença entre a abordagem de ensino tradicional e aquela que será apresentada neste livro. Como nosso foco principal é o desenho de disciplinas ou componentes curriculares, você também compreendeu a diferença entre o trabalho de desenhar uma disciplina e desenhar um currículo, tema que será tratado com mais detalhe no Capítulo 6.

Os quatro elementos fundamentais do desenho de um componente curricular (o planejamento, as dinâmicas de ensino-aprendizagem, a avaliação da aprendizagem e a atividade de *feedback* aos alunos) foram apresentados, e você compreendeu a importância do alinhamento entre eles no desenho, para garantir o aprendizado dos alunos.

Finalmente, você sabe qual o passo a passo do processo que deve seguir para desenhar uma disciplina que assegure aprendizado.

Referências

1. FINK, L. D. *Creating significant learning experiences*. San Francisco: Jossey-Bass, 2003.
2. WIGGINS, G.; MCTIGHE, J. *Understanding by design*. 2. ed. Alexandria: ASCD, 2005.
3. RYAN, R. M.; DECI, E. L. Self-determination theory and the facilitation of intrinsic motivation, social development, and well-being. *American Psychologist*, v. 55, n. 1, p. 68-78, 2000.

CAPÍTULO 2

PLANEJAMENTO

Objetivos de aprendizagem

Ao final deste capítulo, você deverá ser capaz de:

- Explicar o que é aprendizagem e como se dá esse processo do ponto de vista cognitivo.
- Explicar o que são objetivos de aprendizagem e suas características.
- Relacionar objetivos de aprendizagem, competências e habilidades.
- Compreender a relação entre habilidades e conteúdos.
- Compreender a relação entre duração de uma disciplina e o tempo necessário para a aprendizagem, considerando que, para aprender, os estudantes precisam praticar e receber *feedback*.

Introdução

O planejamento é uma etapa comum na prática escolar em todos os níveis, notadamente no início do período letivo, seja ele anual, semestral, ou organizado em outra duração. Da educação infantil ao *stricto sensu*, os processos de ensino e aprendizagem costumam ser organizados em um ou mais documentos de planejamento. Se você é um professor experiente, já passou por esse processo inúmeras vezes.

No ensino superior, no que tange à organização das disciplinas, existem dois documentos muito comuns relativos a essas práticas: o plano de ensino e o plano de aula. Essa documentação deve estar alinhada ao projeto pedagógico do curso (PPC), considerando o perfil do egresso que se pretende formar. O PPC, por sua vez, deverá estar alinhado ao plano de desenvolvimento institucional (PDI) da instituição de ensino, no qual cursos e suas respectivas unidades curriculares estão inseridos.

O plano de ensino costuma ser uma referência normativa mais geral; nele, são apresentados os objetivos de aprendizagem da disciplina ou unidade curricular, os conteúdos programáticos, a carga horária, a ementa, bem como informações gerais sobre o processo avaliativo, as metodologias de ensino e as referências bibliográficas. Já o plano de aula é o documento que organiza o que vai acontecer em cada aula. Em algumas instituições, o planejamento se organiza como um documento único, com todas as informações gerais e as específicas do dia a dia em sala. Na instituição em que você trabalha ou trabalhou, é provável que um modelo semelhante a esse seja adotado para a elaboração dos planos de ensino e de aula.

Esses documentos podem ser muito úteis e relevantes também para o processo de ensino e aprendizagem que está sendo proposto com esse método PDAF®. Para que isso aconteça, é importante que no planejamento sejam definidos, em linhas gerais, seus quatro pilares fundamentais:

1. Os objetivos de aprendizagem a serem praticados pelos alunos no decorrer da disciplina.
2. As dinâmicas, em linhas gerais, que podem favorecer esse aprendizado (que tipos de práticas farão com que os estudantes mobilizem as habilidades previstas nos objetivos).
3. Os instrumentos de avaliação, para que se possam mensurar seus desempenhos.
4. Os momentos em que, com base nos resultados de avaliação da aprendizagem, serão fornecidos os *feedbacks*.

> **E O ENSINO REMOTO?**
>
> As práticas de planejamento, frequentemente, acabam se tornando documentos "burocráticos", preenchidos e revistos no decorrer dos semestres ou trimestres dos cursos, sem, no entanto, ser uma referência constante na atuação do dia a dia.
>
> O ensino remoto pode ser uma oportunidade de acompanhar a implementação do planejamento, por meio do monitoramento e da análise de todos os dados que possam ser tagueados no sistema para acompanhamento da aprendizagem.
>
> Por exemplo, a partir dos objetivos de aprendizagem, podem ser tagueadas as dinâmicas das aulas, as avaliações e os processos de *feedbacks*, o que torna possível levantar grande quantidade de informações sobre como está a aprendizagem dos estudantes, para que ajustes e intervenções necessárias sejam feitos.

Nesse ponto, reforçamos uma premissa fundamental, apresentada no Capítulo 1, que em geral não se concretiza no planejamento dos cursos: é preciso que planejamento, dinâmica, avaliação e *feedback* estejam alinhados. Os objetivos de aprendizagem e os conteúdos a eles associados são o norte a partir do qual devem ser pensadas as dinâmicas, os instrumentos avaliativos e as formas de fornecer *feedback*; entretanto, nem sempre essa premissa é considerada no planejamento do processo de ensino e aprendizagem.

Se não for possível verificar o alinhamento entre as partes, é preciso repensar o planejamento.[1] É muito comum, aliás, o plano de ensino ou de aula listar conteúdos desassociados dos objetivos, prática que não favorece, em nosso entender, o adequado desenvolvimento da aprendizagem. Deveríamos saber quais são os conteúdos associados a cada objetivo de aprendizagem, que é, em última análise, o que se deseja que o aluno domine ao final de cada disciplina ou unidade curricular. Da mesma forma, as dinâmicas devem estar voltadas à prática dos objetivos, bem como os instrumentos avaliativos e focos de *feedbacks*. Esse último aspecto, inclusive, geralmente nem está mencionado no planejamento, organizando-se como uma prática subentendida, sobre a qual não há informações explícitas no planejamento.

> **REFLITA**
> Como tem sido sua experiência nesse sentido? Você costuma alinhar os objetivos de aprendizagem com as dinâmicas em sala, com foco no aprendizado do aluno? E as avaliações? São alinhadas aos objetivos do curso? Há momentos de *feedback* após as avaliações, em que você auxilia os estudantes a compreender seus *gaps* de aprendizagem?

As referências bibliográficas indicam a base conceitual e também podem servir para a seleção de exercícios relevantes que se quer que o aluno desenvolva. Essa mesma lógica deve ser utilizada no planejamento das aulas, ao fazer uma divisão no tempo, da duração de cada aula, ao saber quantas aulas temos no tempo do curso.

Planejar a partir dessa conceituação de alinhamento é tentar garantir que, de fato, o processo possa "caber" no tempo do curso e gerar o aprendizado esperado. Na medida em que resultados indesejados ocorram, deve haver tempo para intervir na aprendizagem dos estudantes, que é o que se deseja, em última análise: que o aluno aprenda o máximo possível.

No uso tradicional do planejamento, acaba ocorrendo a divisão dos conteúdos programáticos a serem explorados durante o curso. Os processos avaliativos também costumam ir nessa direção. É preciso ressaltar que o método PDAF® aqui apresentado não exclui a aprendizagem de conteúdos. Ao contrário, entendemos que qualquer objetivo de aprendizagem partirá de alguma referência conceitual.

A questão é que o entendimento de conceitos não costuma ser o objetivo que, de fato, se pretende que o estudante atinja.[2] É pouco provável que um professor deseje, ao final de sua disciplina, que os alunos sejam apenas capazes de explicar conceitos, pois sabemos que esse conhecimento não é suficiente para a resolução dos problemas complexos que a realidade impõe. Por outro lado, ao focar a sequência de aulas na explanação de conteúdos, com pouco espaço para a prática do que se deseja que os estudantes sejam capazes de realizar a partir deles e sem práticas avaliativas e de *feedback* organizadas com base nos resultados, o planejamento acaba não gerando, em sua implementação, a aprendizagem esperada para os estudantes.

Você pode estar pensando: "mas essa não é a expectativa dos alunos? Não foi assim que aprendemos desde sempre?". O foco na chamada "experiência de aprendizagem" é, em nosso entender, a grande estratégia que permitirá o desenvolvimento adequado dos estudantes. Dizendo de outro modo, é a associação articulada entre objetivos de aprendizagem e seus conteúdos relacionados, dinâmicas, avaliações e *feedbacks*, distribuída no decorrer da duração prevista para a disciplina que poderá garantir bons desempenhos dos estudantes.

O fato de termos conduzido o ensino com foco no domínio do professor não significa que oferecemos as melhores experiências para a aprendizagem dos estudantes. Nesse sentido, a tradição, por si só, não deve ser vista como um argumento para mantermos as práticas pedagógicas da mesma forma, indefinidamente. Da mesma maneira, nenhum "modismo" metodológico deve ter valor se não estiver apoiado em evidências científicas de que geram aprendizado. Essa é, infelizmente, uma prática menos comum do que seria desejável nas pesquisas relativas às práticas de ensino e aprendizagem.

> "O que temos, hoje, são currículos organizados por disciplinas centradas em conteúdo, com pouca evidência de um processo de aprendizagem estrutural associado que as articule. Usando de uma analogia simples, é como se as disciplinas fossem "gavetas" de um armário, cada uma a ser aberta e fechada em si mesma, sem uma proposta de desenvolvimento articulado entre as partes, exceto pela eventual presença de restrições de requisitos prévios (em geral, requisito de ter cursado a disciplina anterior e não de ter realmente aprendido seu conteúdo, o que, pelos sistemas de avaliação encontrados, não significam a mesma coisa)."[3]

Como se dá o desenvolvimento da aprendizagem: conhecimentos prévios × novos conhecimentos

Para que possamos planejar a aprendizagem, primeiramente convidamos você a passar pelo entendimento de como as pessoas adquirem novos conhecimentos. Para tanto, vamos acompanhar a situação vivida pelo professor Mateus e seus alunos:

> *Costumo iniciar minhas aulas sobre Gêneros Discursivos discutindo com os alunos esse conceito. Eles costumam associar à discussão de gênero aspectos relativos à sexualidade; já para o conceito de discurso há um forte componente político-partidário, bastante comum no senso comum atribuído à palavra. Assim, muitos entendem gêneros do discurso como as falas de pessoas em defesa de uma determinada visão sobre a diversidade de gêneros.*
>
> *Costumo explicar que, no curso, esse conceito é diferente, e parte de uma visão na qual os gêneros do discurso são entendidos como formas-padrão "relativamente estáveis" de enunciados, determinados de um ponto de vista histórico e social. Cito vários exemplos e peço que leiam as discussões sobre o assunto a partir de diferentes estudiosos do tema.*
>
> *Sei que essa conceituação pode ser difícil para eles, e por isso discuto exemplos de diferentes esferas: jornalística, literária, religiosa etc. Mas parece que minhas explicações são em vão: muitos deles continuam a associar discussões sobre diversidade e contexto político. Em uma prova intermediária, quando solicitei que explicassem, com as próprias palavras, o conceito de gêneros do discurso, quase metade da classe conceituou de forma equivocada.*
>
> *Afinal, por que é tão difícil para os alunos compreender esse conceito?*
>
> **Mateus,** professor de Teoria e Análise de Textos: Análise do Discurso no curso de Letras

Observando a situação vivida pelo professor Mateus, podemos elaborar hipóteses a respeito da dificuldade de seus alunos.[4] É possível supor que eles estão fazendo uma interpretação errônea do conceito de gêneros do discurso, provavelmente porque trazem conhecimentos prévios sobre as duas palavras que compõem a expressão ("gênero" e "discurso"). E esses conhecimentos entram em conflito com as novas informações trazidas na conceituação proposta pelo professor.

Essa situação provoca um desequilíbrio entre o que conseguem assimilar (as primeiras informações que somos capazes de captar de qualquer objeto) e o que não compreendem, não sendo capazes de equilibrar as informações em suas mentes, de imediato, e atingir o conhecimento esperado.

Prova disso parece ser a ligação que fazem entre "gênero" e "diversidade", bastante plausível se considerarmos o sentido usual dessas expressões no contexto contemporâneo. O professor Mateus precisa auxiliar um pouco mais os estudantes nessa aproximação, mediando o aprendizado. Aparentemente, porém, ele não tem dados sobre conhecimento prévio[5] dos alunos no tema. Uma atividade poderia ter sido aplicada, solicitando aos alunos que escrevessem sobre o que entendem pela expressão "gêneros do discurso". Aí o professor Mateus já teria informações sobre os conhecimentos prévios dos estudantes sobre o tema.

Há algumas informações sobre como ele fez para auxiliar os estudantes a se aproximar dos novos conceitos. Ele explicou, deu diversos exemplos e solicitou que os estudantes fizessem leituras sobre o assunto, mas parece não ter ideia de que aspectos precisam de mediação para que os estudantes possam compreender por que não conseguiram entender os conceitos.

Parece que o professor Mateus não proporcionou a seus estudantes possibilidades para que eles pudessem praticar seus entendimentos do conceito de gêneros do discurso e, aí sim, a partir das respostas dadas, ele pudesse ajudá-los a compreender por que suas definições do conceito estavam equivocadas. Seguindo nessa linha, após a explicação do conceito pelo professor, poderia ter sido feita uma revisão, pelos alunos, do primeiro exercício, no qual trouxeram seus conhecimentos prévios sobre o assunto. Os estudantes poderiam apontar semelhanças e diferenças. Avançando no processo, poderiam, também, aplicar o conceito em pequenos textos, alguns com explicações adequadas e outras com explicações equivocadas sobre o assunto. Essas são apenas algumas possibilidades que, para serem executadas, precisariam também da mediação do docente, para corrigir eventuais desvios no entendimento do conceito.

Para as pessoas aprenderem, normalmente precisam interagir com os demais. Isso significa que, em um processo de aprendizagem, uma pessoa mais experiente deve orientar uma menos experiente, para que o conhecimento efetivamente se consolide.[6] Mas o professor Mateus não parece ter mediado o processo de aprendizagem de seus estudantes. Suas práticas estão muito focadas nele mesmo, pois é ele quem realiza as ações nas aulas: ele exemplifica, discute, mas não parece colocar a aprendizagem dos estudantes no centro de suas ações.

A mediação, portanto, parte do que os estudantes já sabem, para aproximá-los do novo conhecimento, de forma processual. Ressalta-se, no entanto, que mediar não é fazer o trabalho pelo outro (aluno), mas, ao contrário, apoiar seu processo de construção do conhecimento. A Figura 2.1 ilustra esse processo.

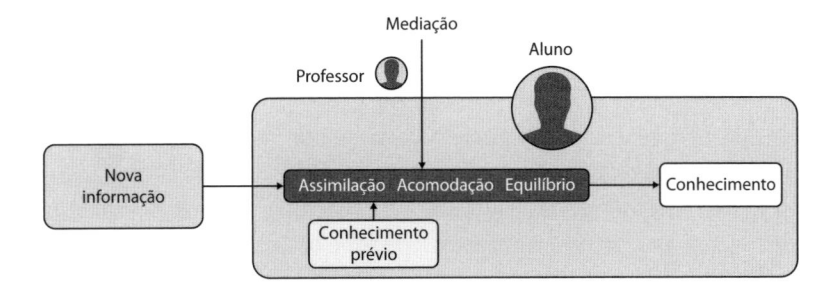

Figura 2.1 Aspectos do processo cognitivo.
Fonte: DEA. *Book de gestão da aprendizagem*. São Paulo: Insper, 2017.

> **E O ENSINO REMOTO?**
>
> Pensando de forma ampla, se uma instituição de ensino cria um bom sistema virtual de gestão da aprendizagem dos estudantes, é possível que os resultados dos alunos possam ser acompanhados de um período letivo para outro. Assim, os professores que passem a ministrar aulas para determinada turma teriam condições de receber diversas informações sobre os conhecimentos prévios adquiridos nas disciplinas anteriores, que poderiam ser associados a outros dados, como medidas de engajamento, por exemplo. Esse processo teria grande potencial de tornar a aprendizagem mais adequada ao desenvolvimento de cada turma e dos grupos de alunos dentro de delas, a partir da análise de resultados que permitiriam aos docentes planejar a sequência das aulas com base em evidências muito mais consistentes sobre o conhecimento prévio dos alunos.

E você, professor? Quais são os temas de sua disciplina que, recorrentemente, causam "estranhamento" nos estudantes e geram dificuldade de compreensão, por serem conflitantes com os conhecimentos prévios trazidos pelos alunos?

Há ainda outro aspecto a destacar: qualquer aprendizado, para ser de fato efetivo e atingir o nível esperado, não se limita a um conjunto de explicações docentes e experiências discentes isoladas. É preciso que haja um planejamento, na sequência das experiências de aprendizagem, que promovam o avanço almejado.

Traduzindo em outros termos: se, ao final de uma disciplina, um conjunto delas ou um curso como um todo, espera-se, por parte do estudante, conhecimentos como avaliar uma empresa ou criar um portfólio, por exemplo, é preciso planejar as etapas para que esse desenvolvimento se dê ao final do processo. Nesse caso, já estamos falando de conhecimentos muito mais complexos, que não se limitam à compreensão de conceitos.

Vamos imaginar que "avaliar uma empresa" ou "criar um portfólio" sejam conhecimentos que se desejam ao final de uma dada disciplina. Do ponto de vista docente, pode ser relativamente simples dominar essas práticas. Mas é importante ressaltar que elas parecem ser facilmente alcançáveis para alguém que passou por um longo percurso de aprendizagem (o professor, por exemplo). No entanto, para o estudante, esse domínio envolve diversas tarefas, que pressupõem uma complexa combinação de habilidades e conteúdos.

Considerando sua disciplina, quais são os conhecimentos que você deseja que sejam alcançados pelos estudantes? Pensando estritamente do ponto de vista cognitivo, o que você gostaria que eles fossem capazes de fazer ao final do processo de aprendizado proposto na disciplina?

No processo de ensino e aprendizagem aqui proposto, é necessário planejar o processo de aprendizado. Para tanto, devemos partir do que desejamos que os estudantes sejam capazes de fazer ao final da disciplina (objetivos de aprendizagem) e criar situações para que os estudantes possam praticar, serem avaliados e receberem *feedbacks*. É esse processo que denominamos "mediação da aprendizagem".

Objetivos de aprendizagem: o que os alunos devem praticar

Objetivos de aprendizagem costumam aparecer no planejamento, nos planos de ensino e de aulas, mas não parecem ser um tema devidamente aprofundado, seja nos documentos ou nas práticas educacionais. Com essa atitude, no entanto, talvez estejamos cometendo um grande equívoco, pois, ao organizar o currículo e as aulas pelo conteúdo, que é a forma mais tradicional de se organizar o planejamento, o foco está no professor e não no aluno.

O docente é quem domina os conteúdos, quem organiza, quem seleciona os conhecimentos considerados mais relevantes. Além disso, é ele quem vai explicar esses conteúdos, como observamos no relato da aula do professor Mateus.

Como dito anteriormente, apesar do foco na transmissão de conteúdo, os docentes, em geral, não esperam que o aluno saia do ensino superior apenas reproduzindo conceitos. Claro que, como o ensino superior geralmente está voltado ao mundo do trabalho, quando o aluno faz graduação ou pós-graduação, sempre se espera que ele deixe o curso apto a aplicar o que aprendeu em outro contexto, o do mundo real.

Parece-nos, então, que já temos um problema: desejamos a prática, mas investimos muito tempo na teoria. Não que o caminho deveria ser a substituição de uma pela outra: ao contrário, a experiência de aprendizagem foca, justamente, no alinhamento entre conceitos (teoria) e práticas (as habilidades que mobilizamos em qualquer forma de atuação).

Geralmente, durante o desenrolar da disciplina, o professor propõe atividades aos alunos. Mas a prática, para que o aluno vivencie dinâmicas que permitam mobilizar o conhecimento, recebe, em muitos contextos, um tempo exíguo no planejamento. Além disso, será preciso que algumas dessas práticas sejam usadas para avaliação da aprendizagem e, a partir dos resultados, que os alunos recebam *feedback* para melhorar.

Exemplificando concretamente, vamos imaginar que um professor selecione como objetivo de aprendizagem que seus estudantes sejam capazes de organizar um fluxo de caixa. Pode-se explicar conceitualmente do que se trata, mas, para entender melhor, para organizar um fluxo de caixa, será preciso identificar fluxos de entrada e de saída, calcular, entre outras habilidades.

Essa é a função dos objetivos de aprendizagem no planejamento de qualquer disciplina ou unidade curricular: indicar quais são as habilidades que os estudantes devem dominar e quais conteúdos deverão ser mobilizados quando eles praticam as habilidades, em qualquer atividade dada. Além disso, será fundamental que sejam avaliados e recebam *feedbacks*, com base nos resultados das avaliações.

A essa altura, você pode estar se perguntando: mas e a lista de conteúdos? Não temos que dar conta de uma enorme quantidade de conteúdos durante a disciplina? Esse é um aspecto fundamental a ser discutido. Vamos dividi-lo em duas perspectivas:

- Se pensarmos do ponto de vista da aprendizagem, a mera apresentação de conceitos não gera aprendizado ou o faz de forma incipiente. Isso significa dizer que, se o aluno não praticar o que desejamos que ele faça com o conteúdo (ou seja, mobilize habilidades), não teremos uma aprendizagem propriamente dita. Com o passar do tempo (pouco tempo, aliás), o estudante já terá esquecido os conteúdos. Ou seja: quando optamos por apresentar diversos conteúdos em uma disciplina, não estamos favorecendo a aprendizagem, mas, sim, o ensino.
- Frequentemente, o professor não tem total autonomia para definir os conteúdos de uma disciplina. Nesse sentido, o planejamento voltado à aprendizagem, de fato, deveria contar, idealmente, com uma concepção compartilhada sobre como se dá o aprendizado, entre os professores e a gestão acadêmica, como veremos no Capítulo 6 desta obra. Por outro lado, mesmo em uma estrutura que não estimula esse alinhamento, é possível darmos ênfase nos conteúdos que, de fato, são os mais essenciais para que os alunos pratiquem as habilidades previstas para a disciplina, sejam avaliados e recebam *feedbacks* nesse sentido. Só assim teremos mais chance de garantir que os alunos efetivamente aprendam.

Objetivos de aprendizagem: detalhamento

Mas, afinal, o que são objetivos de aprendizagem?

Entendemos que objetivos de aprendizagem devem ser compreendidos como declarações claras sobre uma determinada capacidade a ser desenvolvida pelo estudante (competência). Essa competência se situa em um dado nível cognitivo. Associadas a essa capacidade mais ampla, temos as habilidades, que são as ações que o estudante deve ser capaz de realizar para atingir a competência esperada. Essas habilidades precisam ser mensuráveis. A cada habilidade, por sua vez, devem ser associados um ou mais conteúdos, que serão mobilizados pelas habilidades.[7]

Todo objetivo de aprendizagem disponibilizado, portanto, deverá estar em nível cognitivo adequado ao processo de aprendizagem (que se pretende desenvolver na disciplina, módulo, curso ou programa), o que provocará diferentes impactos em sua clareza e mensuração possível.

Veja um exemplo no Quadro 2.1.

Como podemos ver, os objetivos de aprendizagem são compostos por três elementos básicos: a sua definição clara, as habilidades que o compõem e os conteúdos associados. Além disso, as habilidades propostas indicam determinado nível cognitivo, expressam com clareza as operações mentais que o aluno realiza e devem ser passíveis de mensuração.

Quadro 2.1 Exemplo de objetivo de aprendizagem

Objetivo de aprendizagem	Descrição conceitual	Habilidades	Conteúdos
Análise e resolução de problemas.	Desenvolver soluções eficazes e viáveis economicamente para problemas adequadamente formulados, com base em análise e diagnóstico estruturados e pautados em evidências.	• Identificar os diferentes resultados indesejados de determinado contexto e formular o problema de maior relevância, por englobar parte significativa dos efeitos nas dimensões como urgência, impacto, nível de esforço e relevância financeira. • Elaborar uma análise estruturada (utilizando ferramentas, métodos estatísticos etc.) que caracterize qualitativa e quantitativamente o problema em questão, demonstrando as variáveis dependentes e independentes. • Propor hipóteses das principais causas que geram o problema de maior relevância. • Desenvolver soluções eficazes e viáveis economicamente, para as principais causas do problema, que incluam indicadores para avaliar o alcance dos resultados desejados. • Criticar as soluções propostas evidenciando suas limitações.	Processo *versus* resultados; problema como resultado indesejado; contexto; problema relevante; urgência; impacto; nível de esforço; relevância financeira; análise estruturada; variáveis dependentes e independentes; hipóteses; soluções; indicadores; soluções; limitações; plano de ação e seus componentes.

> **SAIBA MAIS**
> **Objetivos de aprendizagem de cursos × objetivos de aprendizagem de disciplinas**
>
> É preciso fazer uma distinção entre objetivos de aprendizagem de cursos e objetivos de aprendizagem de disciplinas. Quando pensamos, por exemplo, em um curso de graduação, são propostas competências a serem desenvolvidas no decorrer do curso. É o chamado perfil do egresso. Como as competências são capacidades amplas, que mobilizam diversas habilidades e conteúdos para serem alcançadas, normalmente elas são desenvolvidas em mais de uma disciplina ou unidade curricular. Já os objetivos das disciplinas devem se organizar em torno de habilidades e conteúdos que suportem o desenvolvimento da competência a que se associam.
>
> Se pensarmos na disciplina do professor Mateus, ela provavelmente pretende (ou deveria pretender) desenvolver algumas habilidades nos estudantes, por meio da mobilização de alguns conceitos. Essas habilidades e esses conteúdos, por sua vez, devem estar organizados em torno de uma competência, a ser desenvolvida no currículo por essa disciplina, mas provavelmente também por outras.
>
> Isso ocorre porque as competências são capacidades mais complexas, que exigem a mobilização e aplicação de conhecimentos e habilidades em situações dadas, com autorregulação. Isso implica que, para o efetivo domínio de competências, o desenvolvimento de experiências em uma única disciplina não seja suficiente.

NÍVEL COGNITIVO

Os objetivos de aprendizagem dizem respeito às habilidades que o aluno deverá atingir. Para isso, são utilizados verbos que declaram o comportamento de acordo com o nível cognitivo que esperamos que ele atinja.

Como os processos cognitivos podem apresentar diferentes níveis, desde os mais simples, relacionados com o "Memorizar", até mais complexos, como os relativos ao "Avaliar" ou ao "Criar", os objetivos de aprendizagem também devem estabelecer um determinado nível cognitivo. Portanto, as atividades de aula devem ser planejadas de tal forma que os exercícios levem o aluno a alcançar tais níveis. Nesta obra, tomamos como premissa a Taxonomia de Bloom revisada.[8]

Em nosso exemplo (Quadro 2.1), relativo ao objetivo de aprendizagem "Análise e resolução de problemas", observa-se que a competência a ser atingida está no nível analítico. Por sua vez, as habilidades que compõem essa competência apresentam diferentes níveis cognitivos, que vão de mais simples, como "identificar", para mais complexas, como "propor soluções", passando por habilidades de nível intermediário, como "analisar" e "propor hipóteses".

Conclusão importante: para atingir uma competência mais complexa, será necessário desenvolver habilidades mais simples também. Isso quer dizer que, do ponto de vista cognitivo, não é possível esperar que a partir de uma explicação conceitual o aluno já saiba, por exemplo, fazer uma análise.

SAIBA MAIS
Níveis cognitivos

Atendendo a um pedido da Associação Norte Americana de Psicologia, o psicólogo Benjamin Samuel Bloom e outros especialistas estruturaram uma proposta de organização hierárquica de objetivos educacionais.

A classificação proposta por Bloom e colaboradores organizou as possibilidades de aprendizagem em três domínios: o cognitivo, o afetivo e o psicomotor. Os domínios podem ser entendidos como um sistema de categorias de aprendizagem do comportamento para auxiliar na concepção e avaliação da aprendizagem educacional.

Em 1956, foi publicada a obra *A taxonomia dos objetivos educacionais*, na qual foi descrito e organizado o domínio cognitivo, que se subdivide em seis níveis:

- **Conhecimento:** relativo ao reconhecimento ou lembrança do conhecimento memorizado.
- **Compreensão:** ligado ao estabelecimento de conexões entre o novo e o conhecimento previamente adquirido.
- **Aplicação:** relativo à prática ou utilização de um procedimento por meio de sua execução e/ou implementação.
- **Análise:** ligado à subdivisão de um todo em partes menores, com a finalidade de entender a estrutura final.
- **Síntese:** relativo à capacidade de relacionar informação de várias fontes, formando um produto novo.
- **Avaliação:** ligado a julgamentos com base em critérios e padrões por meio de verificação e crítica.

Em 2001, Lorin Anderson e David Krathwohl publicam uma revisão da Taxonomia de Bloom, no livro *Taxonomy for learning, teaching, and assessing: a revision of Bloom's taxonomy of educational objectives*.

A taxonomia revisada diferencia o conteúdo do raciocínio dos procedimentos, para resolver problemas. Além disso, o nível "síntese" foi incorporado ao nível "avaliação". Foi criado ainda um novo nível: "criação".[9]

No Quadro 2.2, apresentamos alguns verbos propostos na Taxonomia de Bloom revisada de acordo com a dimensão cognitiva em que se inserem.

Quadro 2.2 Verbos propostos de acordo com a Taxonomia de Bloom

HABILIDADES DE PENSAMENTO DE ORDEM MAIS BAIXA		
Lembrar	**Compreender**	**Aplicar**
• Reconhecer (identificar). • Lembrar (recuperar).	• Interpretar (clarificar, parafrasear, representar, traduzir). • Exemplificar (ilustrar, instanciar). • Classificar (categorizar, subsumir). • Resumir (abstrair, generalizar). • Inferir (concluir, extrapolar, interpolar). • Comparar (contrastar, mapear, combinar). • Explicar (construir modelos).	• Executar (cumprir). • Implementar (usar).

HABILIDADES DE PENSAMENTO DE ORDEM MAIS ALTA		
Analisar	**Avaliar**	**Criar**
• Diferenciar (discriminar, distinguir, focalizar, selecionar). • Organizar (descobrir, integrar, delinear, analisar, estruturar). • Atribuir (desconstruir).	• Verificar (coordenar, detectar, monitorar, ensaiar). • Criticar (julgar).	• Gerar (hipótese). • Planejar (conceber). • Produzir (construir).

Fonte: Adaptado de IOWA STATE UNIVERSITY OF SCIENCE AND TECHNOLOGY. Center for Excellence in Learning and Teaching. 2009. Disponível em: http://www.celt.iastate.edu/teaching/effective-teaching-practices/revised-blooms-taxonomy/revised-blooms-taxonomy-flash-version. Acesso em: 05 out. 2020. Tradução nossa.

Quadro 2.3 Exemplos de habilidades classificadas de acordo com a Taxonomia de Bloom revisada

Nível cognitivo (do mais simples para o mais complexo)	HABILIDADE		
	Finanças	Marketing	Operações
Recordar	Descrever os custos econômicos de produção, diferenciando custos fixos, variáveis, irreversíveis (*sunk cost*) e de oportunidade.	Citar as funções de marketing no ambiente de negócios e como ocorre a criação de valor por meio da implementação da estratégia.	Listar formas pelas quais a área de TI pode apoiar e alavancar a performance da operação.
Compreender	Caracterizar o funcionamento dos mercados de derivativos, princípios determinantes, principais contratos e conceitos de formação de preços.	Detalhar as decisões básicas organizacionais tomadas em relação a marcas e linhas de produtos, com base na estratégia.	Exemplificar a eficiência operacional relacionada com a gestão de competências comerciais e de operações e a relacionada com a competências de processos.
Aplicar	Calcular taxa de juros acumulada, indexada e pós-fixada, demonstrando a sua aplicabilidade (reajustes contratuais, investimentos, financiamentos etc.).	Aplicar as técnicas de segmentação de mercado, *targeting* e posicionamento em diferentes contextos.	Aplicar o Método de Resolução de Problemas para um problema real de uma pequena ou média empresa.
Analisar	Analisar quais são os fatores que alteram a demanda e a oferta de um produto, indicando seu impacto sobre preço e quantidade de equilíbrio.	Examinar a coerência entre a estratégia de operações e as estratégias de negócio e de marketing da empresa.	Comparar processos de operações de empresas de manufatura.
Avaliar	Criticar os principais instrumentos e operações de mercado de capitais, avaliando as alternativas de captação de recursos de médio e longo prazo, tantos títulos de dívida como títulos de propriedade em âmbito doméstico.	Avaliar a estratégia de preços e principais processos de formação de preços, de forma integrada com estratégia da empresa e de marketing.	Avaliar a estratégia de expansão de capacidade de uma empresa à luz de sua estratégia de operações.
Criar	Criar fluxos de caixa gerencial e para análise de Investimentos.	Elaborar as partes principais de um plano de marketing.	Desenhar um sistema de gestão de estoques para uma empresa, em função das características da demanda.

Fonte: DEA. *Book de gestão da aprendizagem*. São Paulo: Insper, 2017.

> **DICA**
>
> Para refletir sobre a adequação dos objetivos de aprendizagem de sua disciplina, você pode se perguntar:
> - Que competência(s) eles parecem desenvolver?
> - Quais são os níveis cognitivos previstos nos objetivos de aprendizagem que proponho?
> - A complexidade deles é adequada ao tempo de estudo previsto?
> - Durante a disciplina, o estudante terá várias oportunidades de praticar os objetivos de aprendizagem propostos?

Agora que discutimos os níveis cognitivos, vamos passar a outro traço característico dos objetivos de aprendizagem: a mensurabilidade.

MENSURABILIDADE

Além de preverem um determinado nível cognitivo, as habilidades de um objetivo devem garantir que a aprendizagem dos estudantes possa ser mensurada. Para tanto, é preciso considerar, na elaboração de um objetivo de aprendizagem, as condições e os critérios pelos quais ele irá se tornar mensurável. Assim, um objetivo de aprendizagem apresentará três partes: desempenho, condições e critérios.

- **Desempenho:** indica as ações que o estudante será capaz de fazer ao final do curso ou disciplina, apoiadas em conteúdos.
- **Condições:** indica em que condições o estudante exercitará a habilidade.
- **Critérios:** descreve os critérios que serão usados para avaliar o desempenho do aluno.

No Quadro 2.4, é apresentado exemplo de habilidades com potencial de mensuração, assim como objetivos de difícil ou impossível mensuração.

Quadro 2.4 Exemplo de habilidades com potencial de mensuração

Habilidade	Desempenho que se espera do estudante	Condições para que o estudante exerça o desempenho	Critérios a serem usados para avaliar o desempenho
Identificar os diferentes resultados indesejados de um determinado contexto e formular o problema de maior relevância, por englobar parte significativa dos efeitos nas dimensões, como urgência, impacto, nível de esforço e relevância financeira.	Espera-se que o estudante seja capaz de identificar os diferentes resultados indesejados. Espera-se que o estudante seja capaz de formular o problema de maior relevância.	O contexto será uma dada situação-problema, mal estruturada, fornecida a partir de um relato (estudo de caso).	O estudante será avaliado por sua capacidade de identificar os diferentes resultados indesejados, pelo modo como abordou dimensões como urgência, impacto, nível de esforço, relevância financeira e dimensões como urgência.

[CONTINUA]

[CONTINUAÇÃO]

Habilidade	Desempenho que se espera do estudante	Condições para que o estudante exerça o desempenho	Critérios a serem usados para avaliar o desempenho
A partir de um problema relevante identificado, elaborar uma análise estruturada (utilizando ferramentas, métodos estatísticos etc.) que caracterize qualitativa e quantitativamente o problema em questão, demonstrando as variáveis dependentes e independentes.	Espera-se que o estudante seja capaz de elaborar uma análise estruturada.	O estudante terá de ter indicado um problema apresentado em um caso dado ou outro contexto.	O estudante será avaliado por sua capacidade de elaborar uma análise estruturada com base em ferramentas como métodos estatísticos etc. que caracterizem qualitativa e quantitativamente o problema em questão, demonstrando as variáveis dependentes e independentes.

No Quadro 2.5, é apresentado contraexemplo de habilidades sem potencial de mensuração.

Quadro 2.5 Contraexemplo de habilidades sem potencial de mensuração

Habilidade	Desempenho que se espera do estudante	Condições para que o estudante exerça o desempenho	Critérios a serem usados para avaliar o desempenho
Familiarizar-se com os temas da macroeconomia.	Não sabemos o que o estudante deve fazer. O que significa, enquanto ação, familiarizar-se?	Em que condições o estudante deve demonstrar seu conhecimento?	Com que critérios se avaliará o conhecimento do estudante?
Reconhecer que as preferências consistem em um ranqueamento das opções disponíveis.	Espera-se que o estudante seja capaz de elaborar uma análise estruturada.	Não há.	Não há.
Compreender como as teorias sobre organização evoluíram até o contexto atual.	Não sabemos o que o estudante deve fazer. Como ele vai mostrar que compreendeu como as teorias sobre a organização evoluíram?	Não há.	Não há.
Valor da empresa e a importância da estrutura de capital na criação de valor.	Esse parece ser um objetivo de ensino, não de aprendizagem.	Não há.	Não há.

Nesse subtópico, entendemos que todas as habilidades previstas em um objetivo de aprendizagem estão em dado nível cognitivo e que elas devem ser mensuráveis. Vamos entender também o que significa dizer que os objetivos devem ser claros?

CLAREZA

Para que o objetivo possa ser compreendido, ele precisa ser norteado por uma competência, uma definição clara do que se deseja que o estudante atinja ao final do processo de aprendizagem, articulada a habilidades que indicarão como o processo pretende ser desenvolvido e apoiadas em conteúdos determinados. Para saber se o seu objetivo de aprendizagem é claro, reflita: na simples leitura, o aluno é capaz de compreender qual é a habilidade esperada?

- **Competência:**[13] a definição de um objetivo de aprendizagem deve esclarecer, de forma sintética, mas completa, o significado daquele objetivo dentro do programa em que se insere, centrando-se na aprendizagem do aluno.
- **Habilidades:** são instruções, mais extensas e detalhadas, que permitem uma compreensão mais exata dos conteúdos e habilidades necessários para o desenvolvimento do objetivo. Um objetivo de aprendizagem é composto por alguns definidores operacionais, iniciados por verbos no infinitivo, que sintetizam a ação que será realizada e que conteúdos apoiam essa ação. Optamos pela Taxonomia de Bloom para estabelecer os definidores operacionais de um dado objetivo de aprendizagem e os níveis cognitivos que se pretende atingir, mas há outras taxonomias que podem ser utilizadas.

Na sequência, serão apresentados dois exemplos de objetivos de aprendizagem bem conceituados e desenvolvidos por habilidades mensuráveis.

EXEMPLO 1

Competência
Elaborar soluções eficazes e viáveis economicamente para problemas adequadamente formulados, com base em análise e diagnóstico estruturados e pautados em evidências.

Habilidades
1.1. Identificar os diferentes resultados indesejados de determinado contexto e formular o problema de maior relevância, por englobar parte significativa dos efeitos nas dimensões como urgência, impacto, nível de esforço e relevância financeira.
1.2. Elaborar uma análise estruturada (utilizando ferramentas, métodos estatísticos etc.) que caracterize qualitativa e quantitativamente o problema em questão, demonstrando as variáveis dependentes e independentes.
1.3. Propor hipóteses das principais causas que geram o problema de maior relevância.
1.4. Propor soluções eficazes e viáveis economicamente, para as principais causas do problema, que incluam indicadores para avaliar o alcance dos resultados desejados.
1.5. Criticar as soluções propostas evidenciando suas limitações.

EXEMPLO 2

Competência
Utilizar as ferramentas adequadas para viabilizar soluções financeiras para os empreendimentos ou projetos.

Habilidades
1.1. Avaliar os investimentos ou projetos pelos métodos disponíveis.

1.2. Identificar os fluxos de caixa para os projetos de investimentos (da empresa e dos acionistas).
1.3. Calcular e avaliar o retorno mínimo exigido para um projeto de investimento.
1.4. Identificar aplicações de opções reais para um projeto de investimento.

A seguir, serão apresentados contraexemplos de objetivos de aprendizagem.

← CONTRAEXEMPLO 1

Competência
Pensamento crítico.

Habilidades
- Definir um problema contextualmente.
- Aprender a fazer perguntas circulares não lineares.
- Analisar os pressupostos subjacentes e fazer hipóteses.
- Examinar reflexivamente a situação antes de tirar conclusões.
- Decidir o que acreditar e fazer.
- Avaliar hipóteses, suposições e intervenções.

> Observe como as habilidades estão soltas, sem um conceito do que se entende por "pensamento crítico" que as articule.

← CONTRAEXEMPLO 2

Competência
Expressar ideias matemáticas de forma organizada.

Habilidades
- Entender as principais ideias matemáticas explicadas no curso
- Compreender a importância de organizar ideias matemáticas
- Avaliar o uso de símbolos matemáticos corretamente

> Há um início de definição, mas muito vaga (seria preciso esclarecer melhor o que significa expressar ideias matematicamente e qual a importância disso). Há habilidades pouco mensuráveis (como será possível avaliar o uso de símbolos matemáticos corretamente? Seria necessário definir em que condições).

← CONTRAEXEMPLO 3

Competência
Reconhecer por que o comércio internacional ocorre a partir de crescentes retornos de escala.

Habilidades
- Compreender as diferenças entre economias de escala internas e externas.
- Discutir as fontes das economias externas.
- Discutir os papéis das economias externas e os *spillovers* de conhecimento na modelagem vantagem comparativa e vantagens do comércio internacional.

> Nesse caso, as habilidades apresentam dois problemas: uma delas não é passível de mensuração (compreender) e só há mais uma habilidade (discutir). Ela é mensurável, mas o desenvolvimento da competência acaba ficando restrito a apenas um nível cognitivo.

Em nenhum dos contraexemplos temos uma redação clara dos objetivos de aprendizagem, na medida em que ou não há uma competência explicitamente posta. E em seu planejamento? Qual (is) competência(s) você considera estar desenvolvendo? Quais são as habilidades necessárias para que o aluno possa dominá-la? E quais seriam os conteúdos essenciais a serem mobilizados pelas habilidades previstas para o aprendizado dos estudantes?

Tipos de objetivos de aprendizagem: breve distinção entre objetivos cognitivos e socioemocionais

Nesta obra, nosso foco principal são os objetivos de aprendizagem cognitivos. Mas eles não são os únicos. Há também os chamados objetivos de aprendizagem socioemocionais, que direcionam o desenvolvimento de habilidades como se relacionar com os outros e consigo mesmo, ter objetivos e ser capaz de atingi-los, administrar as emoções, tomar decisões autônomas e com responsabilidade. Não são inatas e fixas: são habilidades que podem ser aprendidas, praticadas e ensinadas, seja no ambiente educacional ou em outros contextos.[10]

Objetivos de aprendizagem cognitivos, por sua vez, direcionam o desenvolvimento de habilidades como analisar, interpretar, calcular, avaliar, resolver problemas e ser capaz de transpor conhecimentos para outras situações.

Competências cognitivas refletem o conhecimento adquirido ou a rapidez da aprendizagem, mas também representam a capacidade de compreender um contexto e descobrir o que deve ser feito para a resolução de um problema. As competências cognitivas e as socioemocionais relacionam-se estreitamente entre si.[11]

Pesquisas[12] revelam que alunos, sejam eles da educação básica ou do ensino superior, com competências socioemocionais mais desenvolvidas apresentam maior facilidade de aprender os conteúdos acadêmicos. Nessa perspectiva, consideramos oportuno o desenvolvimento de objetivos de aprendizagem cognitivos e socioemocionais, ambos necessários à atuação profissional de excelência e baseada em princípios como os expostos em nossa Missão e no Decálogo.

No Quadro 2.6, apresenta-se exemplo de objetivo de aprendizagem socioemocional.

Quadro 2.6 Exemplo de objetivo de aprendizagem socioemocional

Disciplina	Objetivos
Liderança em Equipes	Durante a realização da atividade-fim da equipe, o estudante deve **demonstrar disposição para aceitar auxílio dos outros membros**. Deve, ainda, reconhecer e interpretar o impacto dos modelos mentais sobre as interações humanas e explicar sua influência sobre o desempenho individual, a performance das equipes e os resultados organizacionais.
	Na realização da atividade-fim da equipe, o estudante deverá **atuar com comprometimento conforme previsto nas orientações aos participantes**. Deverá, ainda, reconhecer, avaliar e construir abordagens comportamentais relativas aos modelos mentais orientados para Integridade e explicar seus impactos sobre o desempenho individual, a *performance* das equipes e os resultados organizacionais.

HABILIDADES E CONTEÚDOS

É muito comum na tradição escolar, em qualquer nível de educação, básica ou de ensino superior, que o professor, dentro do contexto disciplinar, veja habilidade e conteúdo como aspectos muitos distintos no processo de ensino e aprendizagem. Você também compartilha dessa visão? Como vê a relação entre conteúdos e habilidades em sua disciplina?

Ressaltamos que, em nosso entender, não existe habilidade sem conteúdo, nem conteúdo sem habilidade. Pelo menos não no processo de ensino e aprendizagem. Podemos ter um conteúdo explicado num livro, ter uma definição de habilidade posta em um artigo, em um vídeo, mas, quando estamos num processo de aprendizagem em que alguém está mediando, planejando, e temos alunos participando, a habilidade e o conteúdo sempre estarão juntos.

Como isso acontece? Quando esse processo tem foco na aprendizagem, significa que o aluno é protagonista, ou seja, ele é quem precisa agir, ser aquele que faz algo; é ele quem está ou deveria estar praticando. E, em todas as atividades, em tudo o que ele realiza nos processos de aprendizagem, dentro e fora da sala de aula, ele parte de conceitos e referências.

Ao fazer "alguma coisa" com essas referências, inevitavelmente ele está mobilizando habilidades. Quando o aluno faz algo, seja apenas dizer de novo o que professor diz, mas com suas próprias palavras, ele se apropria do conceito X que o professor explica e o traduz com outras palavras. Traduzir com suas palavras ou, tecnicamente, parafrasear, é uma habilidade.

Ao parafrasear, parafraseia-se algo, no caso, um conceito. Não é possível parafrasear no vazio. É preciso ter algo para realizar a ação, que pode ser identificar, analisar um problema no contexto. É preciso ter em mente que qualquer habilidade motora é feita a partir de conhecimentos técnicos – ninguém faz uma cirurgia ou uma intervenção médica ou analisa uma célula no microscópio ou prepara esse processo sem ter conhecimento. Saber o que faço com esse conhecimento é do terreno da habilidade.

De forma geral, não há como separar habilidade e conteúdo. Até se pode falar em certa separação quando o foco é no ensino, porque, nesse caso, o professor é o centro, é ele quem mobiliza a habilidade. Com o foco na aprendizagem, o conteúdo será apropriado pelo aluno de alguma forma; pode ser meramente reproduzido ou pode resultar em algo mais complexo. Quando o conteúdo e a habilidade são centrados no aluno, estamos falando de aprendizagem; já quando o conteúdo e a habilidade estão apenas com o professor, e o aluno não está envolvido, falamos de ensino.

Mesmo que os dois conceitos estejam interligados, é fundamental que o aluno passe pelo processo, que ele se aproprie do conceito e faça algo com o conceito, associando-o a uma habilidade. Como ele é um aprendiz, precisa passar por um processo em que poderá ou deverá ser avaliado – é fundamental avaliar o seu aprendizado –, mas avaliar com um foco fundamental, que é poder diagnosticar como está o aprendizado, para poder intervir, dar *feedback*, poder auxiliá-lo a melhorar o seu desempenho. Essa é a grande diferença entre ensino e aprendizagem.

O professor já tem o *know-how* e tem muito mais autonomia do que o aluno em relação àquela área de conhecimento, já passou pelo processo de aluno e, por ter mais autonomia, tem mais facilidade para continuar aprendendo, para pesquisar, para avançar, pois o professor já tem várias competências mobilizadas. O estudante, em processo de aprendizado, ainda precisa praticar muito, com dinâmicas de aula, e precisa passar por processos avaliativos e receber *feedback*.

Resumindo, poderíamos dizer que o professor mobiliza conhecimentos por meio de habilidades, da mesma forma que o aluno deve fazer isso, acrescentando que o aluno deve vivenciar atividades práticas, algumas delas certamente avaliativas, para as quais devemos dar *feedback* para que ele possa superar eventuais problemas no desempenho.

A questão do "praticar": da memória de curto prazo à memória de longo prazo

É muito importante, ao falar de cognição, fazer relação com os estudos recentes de neurociência e os estudos sobre a memória.[14] Na tradição educacional brasileira, geralmente o ato de memorizar é entendido como sinônimo de saber de cor, sem que, necessariamente, o estudante saiba o que fazer com aquilo que memorizou.

Nesse sentido, é comum relacionar-se a ação de memorizar a conhecimentos estanques e sem sentido. Na prática das escolas, de ensino superior ou não, o exercício de memorização vai geralmente nesta direção: decorar um conteúdo, ou dominar de forma muito parecida com o decorar; saber dizer minimamente, apenas com outras palavras, o que foi lido ou o que o professor explicou ou repetir diversas vezes as mesmas atividades de cálculo, com pequenas diferenças entre um exercício e outro, apenas para citar alguns exemplos. Isso parece ser suficiente para ser reproduzido em uma avaliação e continua sendo muito comum na prática educacional.

É importante fazer uma distinção entre esse entendimento de "memorização" e o entendimento oriundo dos estudos da Neurociência. Nessa perspectiva, se deve considerar que qualquer processo de aprendizagem passa pela memória, que não está limitado ao decorar informações ou formas de fazer isolados. Isso significa dizer que a aprendizagem de qualquer nível cognitivo passa pelo processo de memorização, que não se limita aos níveis mais simples.[15]

> **SAIBA MAIS**
> **Memorização e neurociência**
>
> Memorizar, na perspectiva da neurociência cognitiva, não se limita ao exercício da repetição de qualquer natureza. Ao contrário, memorizar o conhecimento diz respeito a atividades desafiadoras, que apresentam aos estudantes desafios a serem superados, por meio de tentativas, erros, correções, novas tentativas e assim sucessivamente.[16]
>
> É pelo conjunto dessas práticas diversas que acontecerá a memorização do aprendizado, de tal modo que, ao fazer parte da memória de longo prazo, essa capacidade de mobilizar essas habilidades possa ser efetivada em variados contextos, escolares e do mundo real.
>
> Parte-se de outra concepção de memória, na qual, se um estudante é capaz de mobilizar uma habilidade sofisticada, como, por exemplo, avaliar uma estratégia de uma empresa, é porque praticou essa habilidade de diferentes formas, errou muitas vezes, corrigiu e, com o tempo, memorizou esse aprendizado.

Vamos exemplificar. Se, ao final de uma disciplina, desejamos que os estudantes aprendam a "alcançar resultados sustentáveis ao longo do tempo, tomando decisões eficazes que compreendem o contexto e ponderam os riscos e os impactos envolvidos", será preciso que eles pratiquem várias e diversas atividades que estimulem as habilidades envolvidas nesse processo.

Para que esse conhecimento seja de fato aprendido e se torne memória de longo prazo, as dinâmicas das aulas deverão proporcionar aos estudantes diferentes formas de praticar as habilidades. Se, por exemplo, em dada aula, um estudo de caso for a dinâmica escolhida, não se espera que essa mesma dinâmica seja usada em todas as práticas da disciplina focadas no desenvolvimento das habilidades. Em outras aulas, outras dinâmicas precisam ser propostas, para que os estudantes possam "praticar" as habilidades em diferentes contextos. Nesse processo, erros e acertos serão cometidos, e é aí que os *feedbacks* do docente são imprescindíveis.

Os processos avaliativos de *feedback* têm um grande potencial de agilizar esse processo de aprendizagem. Com o auxílio do professor, profissional mais experiente, com conhecimento amplo das práticas relativas às habilidades e aos conhecimentos conceituais de sua área de atuação e pesquisa, o estudante pode ser auxiliado na compreensão de seus erros.

O docente, inclusive, pode planejar e estimular que o aluno realize atividades metacognitivas durante o processo de aprendizagem, para que amplie ainda mais sua capacidade de aprender/memorizar as habilidades e os conteúdos planejados.

No contexto escolar, é preciso criar dinâmicas em sala e fora dela, para expor os estudantes a situações em que as habilidades sejam praticadas por meio de diferentes atividades, de forma que os alunos possam memorizá-las. Isso significa aprender. E por que a prática é fundamental? Porque só levamos da memória de curto prazo para a memória de longo prazo aquilo que efetivamente aprendemos. É pouco provável passar para a memória de longo prazo (aprender de fato) algo que foi visto uma vez e não foi praticado novamente, de diferentes formas.

Em geral, na sala de aula, dá-se pouca atenção à prática. Como o foco é no conteúdo – e em geral a quantidade de conteúdo é grande –, o aluno escuta o professor, eventualmente faz alguns exercícios sobre o assunto, para depois ser avaliado em uma prova, por exemplo. Geralmente, não dá tempo para aprender porque não houve tempo suficiente para praticar. Reflita: em seu planejamento, que espaço você está dando para a prática das habilidades previstas nos objetivos de aprendizagem?

Prática das habilidades: a duração da disciplina ou unidade curricular

Como dissemos, para aprender de maneira efetiva, o aluno precisa realizar atividades diversas. Isso significa que o docente precisa planejar dinâmicas com essa finalidade, bem como processos de avaliação e de *feedback*, para que os estudantes possam melhorar seus desempenhos.

Existe um ponto fundamental que o professor precisa pensar nesse processo: quanto dura uma disciplina ou unidade curricular? Se, por exemplo, focarmos em uma disciplina de graduação, podemos ter 80 horas, às vezes de 40 horas, ou cargas horárias semelhantes. Nessa "x" quantidade de horas, é preciso ter espaço para três ações fundamentais: dinâmicas para o aluno praticar, momentos avaliativos e momentos devolutivos, na forma de *feedback*. E todas essas ações consomem tempo.

As atividades podem ser desenvolvidas no tempo de aula ou fora dele, mas é importante que aconteçam também em sala de aula. E o que isso tem a ver com a duração da disciplina? Se, enquanto docente, desejo que o aluno aprenda algo, é preciso considerar esse processo de duração do aprendizado.

Quanto mais complexo for esse aprendizado, ou seja, com habilidades mais sofisticadas, mais tempo será consumido para o estudante aprender. Nesse sentido, uma unidade curricular não deveria se organizar em torno de muitos objetivos de aprendizagem. Se o objetivo de aprendizagem é essa soma das habilidades e conteúdos que o aluno deverá praticar, trabalhar, receber *feedback*, até chegar a um nível básico de domínio das habilidades, um tempo razoável será consumido e precisa ser considerado no planejamento.

O que poderíamos considerar: uma disciplina de graduação, de 80 horas, deveria girar em torno de quatro ou cinco objetivos de aprendizagem (quatro ou cinco habilidades + conteúdos associados), considerando que os alunos terão que passar por todo esse processo de praticar, serem avaliados e receberem *feedback*. Da mesma forma, se a unidade curricular for de 40 horas, imaginamos algo em torno de dois a três objetivos de aprendizagem (duas ou três habilidades + conteúdos associados) para efetivo aprendizado.

Há uma crença muito arraigada no processo de ensino: no início do ano ou do semestre, normalmente o professor parte de uma série de conteúdos que precisam ser ensinados. Nessa concepção, o aluno precisa ouvir todos aqueles conteúdos para que, de fato, aprenda. Essa crença parece estar fundamentada no **desconhecimento** sobre como se dá a aprendizagem.

E O ENSINO REMOTO?

Se utilizarmos o método PDAF® em um sistema virtual de aprendizagem, todas as ações realizadas no sistema deverão estar tagueadas de maneira alinhada. Isso significa dizer que, a partir dos objetivos de aprendizagem, o sistema deverá receber as informações sobre as dinâmicas que serão propostas para desenvolver cada um deles, bem como as atividades avaliativas e os momentos de *feedback*.

O uso tradicional dos LMSs (*Learning Management Systems* ou Ambientes Virtuais de Aprendizagem) não utiliza o potencial desses sistemas, tornando-os, em geral, repositórios de conteúdos para o estudo dos alunos. Pouco se organizam o registro e a análise das atividades realizadas por eles, bem como os resultados que vão sendo alcançados no decorrer das disciplinas.

Nesse sentido, a divisão que é feita das aulas, indicando o que será abordado em cada uma e quanto tempo os alunos terão para praticar o que precisam aprender (e de que forma) não parte, tradicionalmente, de uma análise de dados, mas, sim, da "quantidade de conteúdo a ser coberto" ou da percepção do professor sobre como está a aprendizagem dos estudantes.

A organização de dados sobre o processo de aprendizagem dos estudantes em um ambiente virtual poderia contribuir muito para tomadas de decisão sobre o planejamento e eventuais replanejamentos que se fizessem necessários em busca de melhores resultados.

Partimos, frequentemente, do pressuposto equivocado de que, se for feita uma boa explicação, as pessoas aprendem. Infelizmente, não é um processo tão simples e automático. O aprendizado de fato começa a ficar efetivo na medida em que o estudante começa a mobilizar o que foi apresentado, por meio de dinâmicas diversas.

Evidentemente, os conteúdos são necessários, mas desde que sejam mobilizados por meio de habilidades, em ações práticas entremeadas de atividades avaliativas e práticas de *feedback*. Já as infindáveis listas de conteúdos parecem existir muito mais para dar segurança ao professor, que demonstra todo seu conhecimento ao explicá-los. Esse domínio, no entanto, não garante a aprendizagem do estudante.

Uma evidência desse foco no processo de ensino é a premissa, no ensino superior, de que não é preciso ter formação sobre a prática docente para ser professor. É como se bastasse saber o conteúdo: se alguém estudou e pesquisou sobre um tema de forma acadêmica, esse pressuposto é o suficiente para que se torne professor.

Infelizmente, a competência de pesquisa não faz de alguém automaticamente um bom docente. Claro que saber sobre o que se ensina é muito importante, mas não é só isso; a docência é uma prática mais ampla: diz respeito também a desenhar experiências de aprendizagem, implementá-las e praticá-las, mediando o processo de aprendizagem, por meio também de avaliação e *feedback*.

Sem entrarmos no mérito da formação histórica dos currículos, fato é que da pesquisa foi derivando o ensino, como se fossem processos sinônimos. É evidente que a pesquisa dá suporte para o ensino, mas não para a aprendizagem em amplo sentido.

Quando um docente organiza objetivos de aprendizagem em uma disciplina (ou qualquer outra forma de organizar a experiência de aprendizagem), está informando a seus alunos o que deseja que sejam capazes de fazer com os conceitos que vão ser ensinados. Portanto, é imprescindível selecionar o que de fato é mais relevante para os alunos aprenderem. Afinal, podemos colocar uma lista com 20 conteúdos no meu planejamento, mas essa escolha em si não traz nenhuma garantia de que os alunos vão aprender, por mais esforçados que possam ser.

Vamos praticar?

Escolha um curso ou disciplina de sua atuação e elabore um objetivo de aprendizagem, a(s) competência(s) com a(s) qual(is) a disciplina pretende contribuir no desenvolvimento, o nível cognitivo, a clareza e a mensurabilidade. Para auxiliá-lo nessa reflexão, utilize o *template* do Quadro 2.7 e bom trabalho!

Quadro 2.7 *Template* para elaboração de objetivo de aprendizagem

	COMPETÊNCIA			
	Nível cognitivo	**Clareza**	**Mensurabilidade**	
HABILIDADES	Qual o nível cognitivo com base na Taxonomia de Bloom revisada?	Qual o desempenho que se espera do estudante? *Espera-se que o estudante...*	Quais as condições para que o estudante exerça o desempenho?	Quais os critérios a serem usados para avaliar o desempenho? *O estudante será avaliado pela sua capacidade de...*
a)				
b)				
c)				
d)				

O QUE VOCÊ APRENDEU NESTE CAPÍTULO?

Neste capítulo, você aprendeu sobre a importância do planejamento das atividades pedagógicas a serem desenvolvidas, tendo como norte principal os objetivos de aprendizagem da disciplina ou unidade curricular.

Compreendeu que um objetivo de aprendizagem é organizado em torno de uma competência, que se desdobra em habilidades, associadas a diferentes conteúdos. Também entendeu que um objetivo de aprendizagem deve ser organizado em torno de verbos de ação que devem expressar, de forma clara, o que os alunos devem ser capazes de fazer. Os objetivos precisam também ser mensuráveis e estarão em um dado nível cognitivo.

Você realizou um exercício prático de elaboração/revisão dos objetivos de aprendizagem, considerando os aspectos anteriormente mencionados. Agora que você chegou até aqui, reveja os objetivos de aprendizagem de sua disciplina e faça todos os ajustes que considerar necessários.

Referências

1. UNIVERSITY OF ILLINOIS. Curriculum Alignment Module. 2017. Disponível em: http://occrl.illinois.edu/docs/librariesprovider4/ptr/curriculum-alignment-module.pdf?sfvrsn=9. Acesso em: 28 set. 2020.

2. CARNEGIE MELLON UNIVERSITY. Eberly Center for Teaching Excellence & Educational Innovation. *Design & Teach a Course*. [20--]. Disponível em: https://www.cmu.edu/teaching/designteach/design/learningobjectives.html. Acesso em: 28 set. 2020.

3. ANGELO, D.; GIANESI, I. O projeto pedagógico para as novas diretrizes curriculares de Engenharia. *In*: OLIVEIRA, Vanderli Fava de (org.). *A engenharia e as novas DCNs*: oportunidades para formar mais e melhores engenheiros. São Paulo: LTC, 2019.

4. AMBROSE, S. A.; BRIDGES, M. W.; DIPIETRO, M.; LOVETT, M. C.; NORMAN, M. K. *How learning works*. San Francisco: John Wiley & Sons, 2010.

5. PIAGET, J. *O nascimento da inteligência na criança*. São Paulo: LTC, 1984.

6. VIGOTSKY, L. *Formação social da mente:* o desenvolvimento dos processos psicológicos superiores. São Paulo: Martins Fontes, 2015.

7. DEA. *Book de gestão da aprendizagem*. São Paulo: Insper, 2017.

8. ANDERSON, L. W; KRATHWOHL, D. R. *et al*. *A taxonomy for learning, teaching, and assessing*: a revision of Bloom's taxonomy of educational objectives (Complete edition). New York: Longman, 2001.

9. HUITT, W. *Bloom et al.'s taxonomy of the cognitive domain*. Educational Psychology Interactive. Valdosta, GA: Valdosta State University. [20--]. Disponível em: http://www.edpsycinteractive.org/topics/cognition/bloom.html. Acesso em: 30 set. 2020.

10. PRIMI, R.; ZANON, C.; SANTOS, D.; FRUYT, de F.; JOHN, O. P. *Running head*: ANCHORING VIGNETTES RELIABILITY AND VALIDITY. *Can Anchoring Vignettes Make Adolescent Self-reports of Social-emotional. Personality Traits More Reliable, Discriminant, and Criterion-valid*. São Francisco, 2015.

11. PRIMI, R. Competências e habilidades cognitivas: diferentes definições dos mesmos construtos. *Psicologia: Teoria e Pesquisa*. Brasília, v. 17, n. 2, Maio-Ago. 2001.

12. PRIMI, R.; SANTOS, A. A. A. dos; VENDRAMINI, C. M. *Habilidades básicas e desempenho acadêmico em universitários ingressantes*. São Francisco: Estudos de Psicologia, 2002, p. 47-55.

13. LE BOTERF, G. *Construire les compétences individuelles et collectives*. Paris: Eyrolles, 2015.

14. IZQUIERDO, I. *Memória*. Porto Alegre: Artmed. 2010.

15. SODERSTROM, N.; BJORK. N. Learning versus performance: an integrative review. *In*: *Perspectives on Psychological Science*, v. 10, n. 2, p.176-199, 2015.

16. COYLE, D. *O código do talento*. Rio de Janeiro: Agir, 2010.

CAPÍTULO
3

DINÂMICAS DE ENSINO--APRENDIZAGEM

Objetivos de aprendizagem

Ao final deste capítulo, você deverá ser capaz de:
- Explicar, com exemplos, o que são dinâmicas alinhadas aos objetivos de aprendizagem.
- Diferenciar dinâmicas de experiência de aprendizagem.
- Reconhecer a importância do objetivo de aprendizagem para a efetividade de uma dinâmica.
- Escolher dinâmicas para diferentes níveis cognitivos de aprendizagem.

Introdução

Para que possamos propor dinâmicas, primeiro convidamos você a compreender como elas se alinham aos objetivos de aprendizagem. Para tanto, vamos acompanhar a situação vivida pelo professor Celso e seus alunos:

> *Na próxima semana, um novo semestre letivo vai começar. Embora já tenha algumas décadas de experiência docente, encontrar uma nova turma e iniciar um novo ano letivo sempre me deixa apreensivo. Afinal, em minha experiência, quando já nas primeiras aulas não percebo que deu "match" entre mim e os alunos, é certo que o semestre será bastante penoso. E tento sempre pensar em estratégias didáticas para atrair a atenção dos alunos. Mas, enfim, sempre procuro me manter positivo para que a turma seja boa e as aulas ocorram com fluidez.*
>
> **Celso**, professor do curso de Administração

E você? Como se sente ao começar um novo ano letivo ou encarar uma nova turma de alunos? Conectar-se com novos alunos, compreender suas expectativas e garantir seu engajamento para aprendizagem não é uma tarefa fácil. E, de fato, como vimos até o momento, pensar e desenhar uma experiência de aprendizagem exige planejamento e organização.

E, como ponto de partida, devemos determinar quais serão os objetivos de aprendizagem da experiência desenhada. Como vimos no Capítulo 2, elaborar objetivos de aprendizagem não é algo trivial, mas vimos que é possível fazer, e o método apresentado aqui nos dá um bom norte de quais caminhos devemos seguir para garantir a construção de objetivos de aprendizagem claros, mensuráveis e com níveis cognitivos adequados e atingíveis. Mas como tiramos o planejamento do papel e partimos para a execução da aula elaborada a partir de objetivos de aprendizagem, considerando estratégias para motivar e manter os alunos engajados?

A execução do planejamento da aula é um dos maiores desafios e demandas da formação de professores e facilitadores de processos de aprendizagem no Brasil e no mundo. Desde o ano de 2010, sobretudo a partir de 2014,[1] iniciou-se no Brasil um forte movimento das metodologias de aprendizagem ativa, sobretudo no ensino superior, com a construção de um consórcio entre diferentes instituições de ensino, a fim de se auxiliarem e escalar a formação de professores nos mais diversos cursos de graduação do país. Desde então, as metodologias de aprendizagem ativa ganharam cada vez mais notoriedade e têm sido disseminadas em diferentes cursos de formação de professores, seja no ensino básico ou no ensino superior.

O que são metodologias de aprendizagem ativa?

As metodologias ativas podem ser definidas como um conjunto de estratégias didáticas que tem como objetivo colocar o aluno no centro do processo de aprendizagem, com o intuito de desenvolver a sua autonomia no decorrer da escolaridade.[2] Em outras palavras, significa dizer que metodologias ativas são formas de colocar o aluno como o verdadeiro protagonista do processo de aprendizagem, ao mesmo em tempo em que o professor passa a ser um facilitador, ou seja, o mediador desse processo. Portanto, na última década, muito vem se falando sobre a aplicação de metodologias de aprendizagem ativa em sala de aula, e há uma infinidade de cursos e formações de professores voltados a diferentes tipos de metodologias centradas no aluno.

Em que pese a importância desse movimento, sobretudo para a transformação do *mindset* educacional de uma cultura de ensino para uma cultura de aprendizagem, é imprescindível refletir sobre a efetividade do aprendizado ao adotar esses diferentes métodos.

> **REFLITA**
> Você já estudou ou aplicou alguma metodologia de aprendizagem ativa na sua sala de aula? Já parou para pensar qual foi a real motivação que o levou a escolher este caminho?

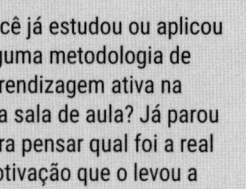

Trazemos esta reflexão para levantar os aspectos que consideramos grandes pontos de atenção com relação a essa movimentação em massa das instituições de ensino na adoção das metodologias de aprendizagem ativa: essa escolha é centrada em "chamar a atenção" do aluno ou para gerar efetivo aprendizado? É uma estratégia para "distraí-lo" ou, efetivamente, engajá-lo na aprendizagem?

O ponto central dessa questão é que são bastante raras ainda, no Brasil, evidências de mensuração da aprendizagem com relação ao uso de metodologias de aprendizagem ativa ou não. Não se sabe, portanto, se ensinamos algo, pois não sabemos se alguém aprendeu. Em muitas formações, o que se percebe é que aplicamos esses métodos mais para animar os alunos independentemente de aferição dos resultados de aprendizagem (que sejam válidos e confiáveis).

Não queremos aqui combater a adoção de metodologias de aprendizagem ativa. Muito pelo contrário. Mas ao longo dos últimos cinco anos, a partir de nossas próprias experiências com formação de professores e facilitadores, percebemos que muitas vezes a intenção de colocar o aluno no centro do processo de aprendizagem estava muito mais voltada a criar aulas que fossem dinâmicas, criativas e divertidas, sem uma preocupação genuína com a aprendizagem.

Esse questionamento nos motivou a criar este método de desenho de disciplina e, durante sua construção e aplicação, ficou claro que colocar o aluno no centro do processo de aprendizagem, ou seja, aplicar metodologias de aprendizagem ativa, tem muito mais a ver com verificar o desempenho do aluno à luz dos objetivos de aprendizagem, considerando estratégias que o engajam, de tal forma que seja possível aferir se, de fato, a dinâmica proposta cria condições efetivas para gerar aprendizado nos alunos.

> **SAIBA MAIS**
>
> Você sabia que as Universidades de excelência ao redor do mundo possuem centros de ensino e aprendizagem? São locais dedicados a pesquisa e experimentação do ensino, empregando metodologias ativas e realizando estudos para melhorar a qualidade da experiência de aprendizagem. A Universidade de Harvard, por exemplo, disponibiliza recursos *on-line* sobre aprendizagem ativa.

> **LINK ÚTIL**
> Para saber mais sobre **aprendizagem ativa**, acesse o código ao lado ou: https://bokcenter.harvard.edu/active-learning
> Acesso em: 21 set. 2020.

APLICAÇÃO DE METODOLOGIAS DE APRENDIZAGEM ATIVA SEM ALINHAMENTO AOS OBJETIVOS DE APRENDIZAGEM

É preciso estar atento ao fato de que as metodologias de aprendizagem ativa são excelentes estratégias de aprendizagem sobretudo porque, de fato, quando bem aplicadas, proporcionam um nível de engajamento e motivação muito maior nos alunos do que o modelo tradicional de ensino com foco no professor. Entretanto, é preciso considerar que essas metodologias nascem a partir de objetivos de aprendizagem. O professor Eric Mazur, em seu livro *Peer instruction: a revolução da aprendizagem ativa*,[3] deixa claro que a aplicação do seu método pressupõe a construção de boas perguntas, bem alinhadas aos objetivos de aprendizagem. Significa dizer que toda metodologia, de aprendizagem ativa ou não, deve estar a serviço de um objetivo de aprendizagem.

E O ENSINO REMOTO?

Muitos professores questionam se é possível aplicar metodologias ativas no ensino remoto, e a nossa resposta é: SIM!

Colocar o aluno no centro do processo de aprendizagem é imprescindível sobretudo quando se trata de ensino remoto. Imagine que a grande maioria dos alunos já possui uma sobrecarga de horas na frente do computador. Durante as suas aulas, principalmente se elas seguirem o horário padrão de duração de duas a três horas, é extremamente desgastante para o aluno e para o professor a aula expositiva *on-line*. Por isso, é altamente recomendável criar dinâmicas na sala de aula virtual que permitam maior interação do aluno, seja por meio de discussões de caso, debates ou mesmo utilizando tecnologias para cocriação de ideias e trabalhos em grupo. Aplicativos como o Miro ou o InVision Freehand são gratuitos e permitem ao professor proporcionar dinâmicas de trabalho em grupo mesmo pelo ensino remoto.

No fim do ano passado, fui motivada pela Coordenação Acadêmica a fazer cursos sobre metodologias de aprendizagem ativa. Aproveitei o apoio institucional para participar de um Seminário sobre Metodologias Ativas que ocorreu no interior de São Paulo. A experiência foi fantástica, tive contato com professores internacionais como de Harvard e Olin College e isso mudou minha maneira de ver a sala de aula. No início deste ano letivo, tomei a decisão de replanejar a minha aula. Dou aula de Direito aplicado à Administração para alunos do 2º período do curso de Administração. Sempre que dei este curso tive feedbacks de alunos sobre a dificuldade de lidar com a linguagem jurídica e de perceber a importância da disciplina para o contexto profissional do administrador. Pensando nisso, com base em tudo o que aprendi no seminário, resolvi tornar todas as minhas aulas práticas. Para isso, combinei com os alunos o seguinte formato: dividi a turma em dois grandes grupos, e cada grupo seria responsável por conteúdos específicos da aula. Assim, tendo acesso a uma leitura prévia, os alunos do grupo A deveriam iniciar a aula com rodadas de perguntas aos alunos do grupo B, que, com base na leitura prévia, deveriam saber responder, tirando as dúvidas uns dos outros. A experiência, na prática, foi uma tragédia. Os alunos não estudavam. Simplesmente não liam o material. Não sabiam fazer perguntas e muito menos respondê-las. Insisti por semanas, mas, ao final, perdi tempo que poderia ter sido usado para dar conteúdo, e os alunos saíram frustrados. Foi um desastre!

Valéria, professora de Direito aplicado à Administração

Por que será que a professora Valéria não conseguiu ter sucesso com a sua dinâmica, uma vez que os alunos tiveram que assumir o protagonismo? Como fazer para que os alunos estudem e façam a leitura prévia? Esses questionamentos são recorrentes na mente de qualquer profissional que ministra cursos, seja ele mais tradicional, seja ele mais direcionado ao aprendizado centrado no aluno.

O ponto chave aqui é que a professora Valéria, motivada pela empolgação do que viu no Seminário de Metodologias, esqueceu de um ponto crucial: de qual objetivo de aprendizagem a dinâmica proposta estava a serviço? Ao final das atividades programadas, o que a professora Valéria esperava que os alunos fossem capazes de fazer?

As dinâmicas precisam estar alinhadas aos objetivos de aprendizagem, sempre considerando o nível cognitivo e o tempo de curso que tem disponível. Na situação narrada pela professora Valéria, por exemplo, não estava claro qual era o objetivo de aprendizagem pretendido. Era preciso considerar se a condição proposta – leitura prévia de texto jurídico por alunos sem base jurídica (2º ano de Administração) – estava alinhada ao que ela realmente pretendia: que os alunos fossem capazes de saber perguntar, responder e explicar. Será que a condição proposta pela professora Valéria foi uma dinâmica alinhada com a materialização do objetivo de aprendizagem por meio da ação que os alunos deveriam demonstrar?

E O ENSINO REMOTO?

Ao elaborar uma dinâmica de aprendizagem no ensino remoto, deve-se considerar que ela só será efetiva se estiver totalmente alinhada aos objetivos de aprendizagem do seu curso. Se você não tem muita prática na docência na sala de aula virtual, recomendamos que faça o planejamento do seu curso considerando objetivos de aprendizagem de níveis cognitivos mais simples. Isso vai facilitar a escolha de suas dinâmicas, dando-lhe maior segurança na sala de aula remota. Com a prática, você vai perceber que é possível atingir objetivos de aprendizagem de níveis mais complexos, sobretudo quando suas aulas forem mescladas entre dinâmicas síncronas ou assíncronas.

Uma dinâmica síncrona é aquela realizada ao vivo, em tempo real, muito comum no ensino remoto, quando a aula é ministrada via videoconferência. Esse tipo de dinâmica é uma excelente ferramenta de mediação da aprendizagem, pois permite que ocorra interação entre professor e aluno sobretudo para resolução de exercícios e dúvidas.

Já a dinâmica assíncrona, por sua vez, é a atividade que fica disponível para que o aluno realize em qualquer momento, independentemente do horário fixo de aula. São exercícios ou mesmo videoaulas gravadas, mais comumente encontradas em cursos de educação a distância. As dinâmicas assíncronas são boas atividades para reflexão individual e para o estudo do aluno, sobretudo a respeito de conteúdos mais complexos, pois ele pode reler ou rever em qualquer momento. As atividades assíncronas também são excelentes para preparação prévia do aluno para a aula síncrona, via videoconferência ao vivo.

O senso comum nos revela que planejar uma aula ou um curso é pensar a sequência do que vai acontecer em sala de aula. Assim, pensar em dinâmicas nos remete à ação do professor em sala, ou seja, como ele vai conduzir o processo. Entretanto, como veremos a seguir, as dinâmicas também precisam ser planejadas e só funcionam bem se realmente estiverem alinhadas aos objetivos de aprendizagem, pois, só assim, passam a ter foco no aluno e não no professor.

O que são dinâmicas de ensino-aprendizagem?

As dinâmicas de aprendizagem estão a serviço dos objetivos de aprendizagem e são as principais responsáveis pelo estímulo e engajamento do aluno e pelo exercício das habilidades em desenvolvimento. Elas são estratégias de ensino que devem estar alinhadas aos objetivos de aprendizagem e priorizar a atuação do aluno.

O racional é simples: se um bom objetivo de aprendizagem deve ser claro (para o que utilizamos os verbos de ação da Taxonomia de Bloom), considerar níveis cognitivos adequados, sendo mensuráveis e atingíveis, a dinâmica deve ser a condição que se cria ao longo do curso ou em uma aula específica para que o aluno exerça a ação esperada.

Os verbos de ação da Taxonomia de Bloom, somados às outras condições que permeiam a elaboração de um objetivo de aprendizagem, auxiliam o professor a pensar nas condições que ele deve criar em sala de aula para que o aluno demonstre o desempenho esperado. Essas condições são necessárias para que o aluno tenha a oportunidade de exercer, em diferentes momentos da disciplina, a habilidade esperada, ao ser colocado como protagonista do processo de aprendizagem. Por isso, é fundamental que as dinâmicas de aprendizagem estejam alinhadas ao objetivo proposto.

Nesta abordagem, cumpre ressaltar que diferenciamos dinâmicas de experiências de aprendizagem. As dinâmicas fazem parte do todo que compõe uma experiência de aprendizagem. Mas a experiência em si é muito mais completa, porque pode incluir a avaliação e o *feedback*. Portanto, as dinâmicas (D) são apenas parte do que compõe uma experiência de aprendizagem.

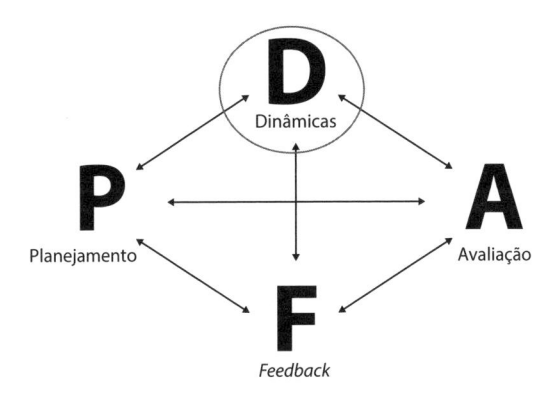

Figura 3.1 As dinâmicas no método PDAF®.

Fonte: Os autores.

A escolha da dinâmica de aprendizagem mais adequada ao desenvolvimento de um dado objetivo de aprendizagem deve considerar **quatro fatores fundamentais**, como a seguir:

- Alinhamento aos objetivos de aprendizagem.
- Recursos disponíveis.
- Grau de segurança do professor.
- Estímulos à motivação intrínseca dos alunos.

ALINHAMENTO AOS OBJETIVOS DE APRENDIZAGEM

Como já vimos no Capítulo 2, os objetivos de aprendizagem devem ser compreendidos como declarações claras, passíveis de mensuração e inseridas em um dado nível cognitivo, relativas ao que o estudante deve compreender (conteúdos), incluindo o que deve ser capaz de fazer (habilidades), após participar de experiências de aprendizagem planejadas do curso.

Nessa perspectiva, devemos construir os objetivos de aprendizagem de forma a explicar o que o aluno deve estar apto a fazer para que seja reconhecido que ele possui dada competência. Esses objetivos devem estar adequados a três premissas básicas:

- Nível cognitivo.
- Clareza.
- Mensurabilidade.

Todo objetivo de aprendizagem, portanto, deverá estar em nível cognitivo adequado ao processo de aprendizagem que se pretende desenvolver durante o programa, ser claro e passível de mensuração.

Ao escolhermos uma dinâmica de aprendizagem, devemos considerar o alinhamento da dinâmica proposta com o objetivo de aprendizagem a ser alcançado. Imagine, por exemplo, que um objetivo de aprendizagem seja de dimensão cognitiva "compreender" (Quadro 3.1). As ações que o aluno deve fazer para demonstrar que compreendeu determinado conceito podem envolver sua capacidade de interpretar, exemplificar, concluir ou explicar. Portanto, ao pensar nas dinâmicas a serem propostas, é preciso criar condições ao longo das aulas para que o aluno realmente interprete, exemplifique, conclua ou explique.[4]

Quadro 3.1 Habilidades de pensamento de ordem mais baixa

Dimensão cognitiva	Lembrar	Compreender
Síntese do nível cognitivo.	Reconhecer ou recuperar conhecimento memorizado. Lembrar é quando a memória é usada para produzir ou recuperar definições, fatos ou listas, ou para recitar informações previamente aprendidas.	Construir significado a partir de diferentes tipos de funções, sejam escritas, mensagens gráficas ou atividades como interpretar, exemplificar, classificar, resumir, inferir, comparar ou explicar.

[CONTINUA]

[CONTINUAÇÃO]

Dimensão cognitiva	Lembrar	Compreender
Verbos comumente utilizados para o nível cognitivo.	Reconhecer (identificar). Lembrar (recuperar).	• Interpretar (parafrasear, representar, traduzir). • Exemplificar (ilustrar, instanciar). • Classificar (categorizar, subsumir). • Resumir (abstrair, generalizar). Inferir (concluir, extrapolar, interpolar). • Prever. • Comparar (contrastar, mapear, combinar). • Explicar (construir modelos).

Observe que o próprio objetivo de aprendizagem, quando bem elaborado, indica ao *designer* da experiência de aprendizagem qual será o formato da dinâmica proposta: se o objetivo de aprendizagem é explicar, é preciso criar uma condição em sala de aula para que o aluno explique. Geralmente, é muito comum que o professor seja quem explique e não o aluno. Vejamos a história do Francisco.

> *Dou aula de Sociologia em diferentes cursos de graduação há décadas e, mesmo nos últimos anos, minha disciplina continua sendo chamada de "perfumaria" por boa parte dos alunos, que nunca se engajam e não veem a importância da sociologia para a evolução da vida em sociedade. Não sei mais o que fazer. Quando penso em objetivos de aprendizagem, por ser uma disciplina introdutória, eles são de dimensão cognitiva mais simples: o aluno deve sempre lembrar e compreender conceitos e sobretudo a história da sociedade. Eu sempre explico, explico e explico, mas parece que eles não aprendem nada.*
>
> **Francisco**, professor de Sociologia de cursos de Ciências Humanas

O professor Francisco traz um excelente exemplo da confusão que fazemos ao pensar em dinâmicas alinhadas a objetivos de aprendizagem em seus diferentes níveis. Quando o objetivo de aprendizagem é mais simples, como atingir o nível cognitivo da compreensão, temos a tendência de nos colocarmos no centro do processo de aprendizagem e não o aluno. Quando isso ocorre, quem explica é o professor ou facilitador. Entretanto, esquecemos que se o objetivo de aprendizagem é do aluno, quem deve explicar um conceito é ele, e não o professor.

Geralmente, é por isso que os alunos não demonstram compreender nada. Claro, eles apenas acompanham um raciocínio do professor, mas não conseguem exercer a habilidade de explicar. Portanto, pouco aprendem e quase nunca ficam realmente engajados. O aluno precisa ser colocado em ação, para exercer a habilidade esperada. Essa condição é o que chamamos de aprendizado centrado no aluno e é também o que fundamenta a lógica de uma metodologia de aprendizagem ativa, como já vimos anteriormente.

Portanto, uma dinâmica de aprendizagem estará devidamente alinhada a um objetivo de aprendizagem quando ela está a serviço desse objetivo. Em outras palavras, significa dizer que se o objetivo de aprendizagem é que o aluno EXPLIQUE COM EXEMPLOS determinado conceito, a dinâmica estará alinhada se o aluno for colocado em uma condição, em sala de aula (por meio de uma atividade ou exercício), para EXPLICAR COM EXEMPLOS o conceito. Ou seja, é preciso criar condições para que o aluno exerça a habilidade (a ação planejada é o verbo de ação da Taxonomia de Bloom), seja avaliado e receba *feedback* para identificar suas dificuldades. Essa mesma condição deve ocorrer com níveis cognitivos mais altos.

Quadro 3.2 Habilidades de pensamento de ordem intermediária

Dimensão cognitiva	Aplicar	Analisar
Síntese do nível cognitivo.	Praticar ou utilizar um procedimento por meio de sua execução e/ou experimentação. A aplicação refere-se a situações em que o aprendizado se dá por meio de modelos, apresentações, entrevistas ou simulações.	Subdividir um todo em partes menores, com a finalidade de entender a estrutura final. Pode incluir a identificação das partes, análise de relacionamento entre ela e reconhecimento dos princípios organizacionais envolvidos. As ações mentais incluídas nessa função são diferenciar, organizar e atribuir.
Verbos comumente utilizados para o nível cognitivo.	• Executar (cumprir). • Implementar (usar).	• Diferenciar (discriminar, distinguir, focalizar, selecionar). • Organizar (descobrir, integrar, delinear, analisar, estruturar). • Atribuir (desconstruir).

No mesmo sentido, vamos imaginar que o objetivo de aprendizagem da sua disciplina seja mobilizar a habilidade "diferenciar", uma vez que o esperado é que o aluno seja "capaz de subdividir um todo em partes menores". Se essa é uma habilidade esperada, o professor precisar criar condições para que o aluno faça uma diferenciação. Essa condição criada nada mais é do que uma dinâmica alinhada a determinado objetivo de aprendizagem. O mesmo vale para as ações de habilidades cognitivas de ordem mais elevada, como habilidades de verificação, crítica ou construção, conforme o Quadro 3.3.[4]

Quadro 3.3 Habilidades de pensamento de ordem mais elevada

Dimensão cognitiva	Avaliar	Criar
Síntese do nível cognitivo.	Fazer julgamentos com base em critérios e padrões por meio de verificação e crítica. Críticas, recomendações e relatórios são alguns dos produtos que podem ser criados para demonstrar os processos de avaliação.	Juntar elementos para formar um todo coerente ou funcional; reorganizar elementos em um novo padrão ou estrutura por meio do planejamento ou produção. A criação exige que os usuários juntem "peças" de uma maneira nova ou sintetizem peças em algo novo e diferente, criando uma nova forma ou produto.
Verbos comumente utilizados para o nível cognitivo.	• Verificar (coordenar, detectar, monitorar, ensaiar). • Criticar (julgar).	• Gerar (hipótese). • Planejar (conceber). • Produzir (construir).

RECURSOS DISPONÍVEIS

Toda vez que pensarmos em desenhar uma dinâmica, é preciso imaginar o tipo de recurso que está disponível na sala de aula para que o aluno consiga utilizar e chegue o mais perto possível de atingir um objetivo. É nesse sentido que também se torna crucial saber quais são os recursos que estão disponíveis e que tipo de material será preciso levar para a sala para criar as condições ideais para que o aluno possa praticar determinada ação.

Muitos professores ou facilitadores criam seus próprios materiais. E a vantagem desse método, sempre atrelado a um objetivo de aprendizagem, permite desenvolver a criatividade do profissional de aprendizagem. Ao olhar para determinado objetivo de aprendizagem, é possível acionar ou mesmo criar o recurso, que vai desde livros até maquetes ou protótipos, vídeos ou o que mais puder contribuir para o bom desempenho da dinâmica.

Assim, quanto à disponibilização dos recursos, podemos ter os mais desejáveis para a aplicação da dinâmica de aprendizagem ou não. No entanto, não devemos restringir nossas escolhas de estratégias de ensino porque os recursos não são exatamente como idealizados.

As questões relacionadas com os recursos podem ser resolvidas com o uso da criatividade, utilizando os recursos que temos, mesmo não sendo os ideais, para superar os obstáculos que surgirem e permitir a aplicação de determinadas estratégias. Assim, não devemos deixar de escolher dinâmicas de aprendizagem mais interessantes e mais eficazes porque os recursos dos quais dispomos não são os ideais. Na ausência de recursos tecnológicos, por exemplo, podemos utilizar papéis, sucatas ou qualquer outro tipo de material, desde massas de modelar, jogos de tabuleiros ou cartas, a uso de lápis colorido e cartolinas, ainda que seja num contexto de ensino superior.

Afinal, a maioria das dinâmicas de aprendizagem são bastante flexíveis e podem ser empregadas a serviço de diversos objetivos de aprendizagem. Em muitos casos, teremos de realizar adaptações ao modelo padrão e até mesmo combinações entre diferentes estratégias de ensino.

GRAU DE SEGURANÇA DO PROFESSOR

Esse aspecto diz respeito à familiaridade do docente no emprego de um conjunto de dinâmicas. Às vezes, uma dinâmica com escopo mais simples, mas dominada pelo docente, pode ter impacto mais eficaz no aprendizado dos alunos do que uma dinâmica com escopo mais complexo, mas sem domínio de aplicação do professor.

O método PDAF® proporciona liberdade para que o facilitador ou professor do processo de aprendizagem possa escolher um *pool* de dinâmicas para atuar. Mas o professor só deve escolher determinada dinâmica se tem segurança, ou seja, se domina como ela deve ser conduzida e, mesmo que encontre dificuldades, busque formas de adaptá-la às situações reais de sala de aula. Essa é a segurança.

É importante ressaltar, por outro lado, que as questões relacionadas com o grau de segurança do professor podem ser resolvidas por meio do desenvolvimento de docentes para o emprego de determinadas estratégias de ensino. Assim, não é preciso deixar de escolher dinâmicas de aprendizagem mais interessantes e mais eficazes porque o grau de segurança do professor é baixo. A preparação, o ensaio e a diversidade de formações sobre facilitações de grupo e metodologias de ensino são alternativas que contribuem para que essa insegurança desapareça. Mas é claro que, até que isso aconteça, vale a pena experimentar dinâmicas que trazem certo grau de conforto sobretudo para aqueles profissionais que estão iniciando sua carreira na condução de processos de aprendizagem.

ESTÍMULOS À MOTIVAÇÃO INTRÍNSECA DOS ALUNOS

Ao pensarmos na elaboração de dinâmicas, naturalmente este caminho nos leva a pensar sobre a motivação dos alunos. E por que nos importamos com a motivação?

Antes de iniciarmos essa discussão, faça o seguinte exercício: reflita sobre a motivação dos seus alunos em seus cursos. Pense em uma atividade específica de uma aula ou em um conjunto de aulas. Qual é o grau de influência[5] que você tem na motivação dos alunos? Pinte o Gráfico 3.1, de *pizza*, indicando o quanto você se sente capaz de motivar seus alunos.

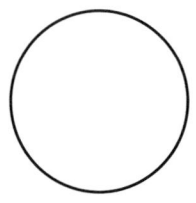

Gráfico 3.1 Qual é o grau de influência que você acredita ter na motivação dos seus alunos?

Veja como alguns docentes preencheram seus gráficos e comentaram:

> *Me considero totalmente responsável pela motivação dos meus alunos. Acho que temos que fazer todos os esforços possíveis para que os alunos participem e gostem da disciplina. E há tantas formas de fazer isso. Eu sempre costumo dar notas para cada uma das atividades, aplicar quizzes e provas. Isso os obriga a estudar e comparecer em todas as aulas. Nesse sentido, acredito que meu gráfico de pizza fique quase totalmente preenchido.*
>
> *Veja, a parte pintada indica o quanto acredito que sou responsável pela motivação dos meus alunos.*

Luciana, professora de Estratégia da Graduação em Administração

> *Eu discordo totalmente. Acho que cada um é responsável pela motivação de si mesmo. Se o aluno não gosta ou tem preguiça de participar das minhas aulas, o que eu posso fazer? Muitas vezes, até me esforço, tentando mostrar ao aluno o quanto a minha disciplina é importante para a sua formação. Mas se ele não tem maturidade o suficiente para querer estudar, acho que não há o que fazer.*
>
> *Por isso, veja o meu gráfico, é o oposto do seu, Luciana. A maior parte do meu gráfico de pizza está em branco.*

José Carlos, professor de Matemática da Graduação em Engenharia

Ah, pessoal, eu discordo de vocês dois. Não é, nem tanto lá, nem tanto cá. Para mim, a motivação é uma via de mão dupla. Os alunos têm suas próprias motivações, mas eu também contribuo para que eles se motivem. Mas não acredito que eu sou totalmente responsável pelo grau de motivação dos alunos na minha aula. Muitas vezes, por mais que eu me esforce, o aluno também tem o seu grau de responsabilidade.

Assim, vejam o meu gráfico como ficou: acredito que sou responsável por 50% do que sou capaz de influenciar a motivação do aluno. Os outros 50% são por conta do aluno.

Alexandre, professor de Biomedicina da pós-graduação em Saúde

O diálogo entre os professores retrata diferentes pontos de vista sobre o grau de influência que somos capazes de atingir ao pensar em motivar alunos. Mas por que será que esse tema é tão relevante, sobretudo no contexto da sala de aula? Pesquisas sobre motivação e aprendizagem costumam indicar que pessoas motivadas são muito mais engajadas e participativas.

Elas costumam demonstrar interesse genuíno em aprender e, quando no contexto da sala de aula, permitem ao professor promover debates interessantes e costumam facilitar o andamento da aula. Do ponto de vista do aluno, estudar algo que gera motivação faz da aprendizagem um processo muito mais satisfatório do que fazer algo por mera obrigação.

Mas será que é possível influenciarmos o grau de motivação de alunos em sala de aula? Para responder a essa pergunta, precisamos, primeiramente, compreender o que é motivação.

Segundo o estudioso do tema, Daniel H. Pink,[6] motivação *"é o impulso que move as pessoas a fazer algo ou se comportar de uma determinada maneira. É essa força que mobiliza, que provoca o desejo de agir das pessoas"*. No contexto da sala de aula, podemos identificar diferentes situações que demonstram a motivação dos alunos: aquela que vem da vontade genuína de aprender alguma coisa nova ou aprofundar-se em determinado tema, como acontece, por exemplo, com alunos de programas de *stricto sensu* (mestrado e doutorado).

Outra situação comum é aquela em que os alunos se motivam para passar de ano ou evitar uma prova de recuperação, motivando-se a estudar mais para as avaliações. Há também as situações em que alunos participam de cursos porque "o pai mandou", ou mesmo aqueles que buscam formações por exigências da empresa em que trabalham.

Observando essas diferentes situações que demonstram graus maiores ou menores de motivação humana, podemos dizer que, no contexto de um processo de aprendizagem, existem dois tipos de motivação: a extrínseca e a intrínseca.[7]

A motivação extrínseca ou externa[8] é aquela que nos faz reagir e agir quando nos promete uma recompensa ou nos ameaça com uma punição. Assim, o impulso surge porque existe um fator externo à pessoa que a move para a ação. É aqui que identificamos aquele aluno que cumpre sua tarefa atraído pela recompensa que vem pela nota e porque sabe que se não cumprir a tarefa, será punido com a reprovação ou com a nota baixa.

- **Motivação extrínseca**
    - Ansiedade.
    - Sentimentos de pressão, coerção, culpa.
    - Metas focadas em recompensa.
    - Conhecimento superficial.
    - Menor realização.
    - Baixa autoestima.

Esse tipo de motivação é muito comum e é uma das ferramentas mais utilizadas para motivar alunos. A professora Luciana, da nossa história do gráfico de *pizza*, sinalizou que recompensar os alunos com notas em todas as atividades é a sua principal estratégia para forçá-los a estudar e participar das aulas. Esse tipo de motivação pode ser útil a curto prazo e para tarefas muito elementares. Mas, no longo prazo, pode anular o envolvimento do aluno, sua participação com maior autonomia e acabar com a sua criatividade.

Por sua vez, a motivação intrínseca ou interna acontece quando as pessoas se motivam apenas pelo prazer ou satisfação que a atividade lhes proporciona, sem nenhum tipo de recompensa externa. Portanto, a motivação intrínseca é o que existe quando fazemos as coisas porque sentimos alegria, felicidade e satisfação pessoal ao fazê-las. Será, então, que é possível proporcionarmos algum grau de influência na motivação intrínseca dos alunos?

Para responder a essa questão, é importante deixar claro que o ambiente proporcionado pela motivação extrínseca funciona e não devemos nos desfazer completamente dele. Afinal, recompensas básicas, como a atribuição de notas e aprovações/reprovações, ainda fazem muito sentido no atual contexto de nosso sistema educacional. De toda forma, é preciso assegurar que esse sistema de compensação seja adequado e justo.

- **Motivação intrínseca**
    - Autoeficácia.
    - Valor/propósito na tarefa.
    - Interesse.
    - Prazer/diversão.
    - Persistência.
    - Retenção.
    - Autorregulação.
    - Pensamento crítico.
    - Metacognição.
    - Desempenho acadêmico.

É possível utilizar-se de algumas estratégias para movimentar o aluno de um estado de motivação extrínseca para um estado mais próximo do que chamamos de motivação intrínseca. Para tanto, é importante considerar o conjunto de elementos da Figura 3.2.

Figura 3.2 Conjunto de motivação intrínseca.

Fonte: Os autores.

Os três elementos da Figura 3.2 (senso de competência, senso de propósito ou conexão e o suporte à autonomia), quando considerados conjuntamente, são excelentes ferramentas para influenciar a motivação intrínseca no contexto da sala de aula. A seguir, vamos mergulhar em cada um deles para melhor entendimento da sua aplicação no contexto do processo de ensino e aprendizagem.[9]

Senso de competência

Para despertar algum grau de motivação intrínseca no aluno, é necessário promover nele senso de competência: o aluno precisa sentir-se capaz de alcançar o objetivo de aprendizagem proposto, bem como ter o desejo de ser cada vez melhor em algo relevante. Assim, a clareza do objetivo e a definição do nível cognitivo são fundamentais para gerar senso de competência no aluno.[9]

Nesse sentido, objetivos de aprendizagem que não sejam claros ou que tenham níveis cognitivos inalcançáveis para o tempo de curso proposto podem gerar no aluno o efeito reverso: sensação de incompetência. Portanto, mais uma vez, a elaboração de bons objetivos de aprendizagem é fundamental também para influenciar a motivação dos alunos.

- **Senso de competência**
    - Estou confiante de que posso ter sucesso.
    - Sinto que estou melhorando nisso.
    - Estou recebendo *feedback* positivo.

Senso de propósito e conexão

A dinâmica escolhida deve esclarecer ao aluno qual é o propósito de determinado objetivo de aprendizagem, o porquê de sua relevância para o contexto de sua aplicação, bem como qual a sua utilidade. Ademais, é fundamental aproveitar o momento da dinâmica para construir conexão com os alunos, seja para melhorar a relação entre professor e aluno, seja para melhorar a relação entre os alunos.[9]

Para gerar motivação intrínseca, é fundamental que o aluno se sinta parte de um grupo, tenha confiança no professor e veja sentido naquilo que está sendo proposto. Isso é criar senso de propósito e conexão.

- **Senso de propósito/conexão**
  - Estou ligado a outras pessoas.
  - Sinto que o que eu faço importa.
  - Pertenço a um grupo ou comunidade.
  - Meu trabalho tem impactos positivos.

Suporte à autonomia

O maior desejo de todo professor ou facilitador de um processo de aprendizagem é que seus alunos tenham autonomia para estudar, buscar conclusões, propor ideias e soluções. Entretanto, esquecemos que autonomia é algo que se desenvolve e que não surge de forma inerente ao processo de aprendizagem do aluno.

Para tanto, é fundamental que o professor suporte a autonomia do estudante, compreendendo que esta é mais uma competência a ser desenvolvida no aluno. Para desenvolvimento dessa competência, é fundamental considerarmos três importantes princípios:[9]

- Uso de ferramentas reais.
- Liberdade de escolha.
- Relação de confiança.

Entende-se por uso de ferramentas reais a aplicação, na dinâmica escolhida, da possibilidade de o aluno trabalhar com dados e ferramentas reais. Um equívoco clássico que sempre cometemos é aplicarmos exercícios que não condizem com a realidade do aluno ou não trazem qualquer aplicabilidade real. É o que ocorre em um clássico exemplo de problema matemático já no Ensino Fundamental I: "Um caminhão de laranja passou e 5 laranjas caíram. João pegou 3. Quantas sobraram?".

Qual é a probabilidade real de a situação do caminhão de laranjas acontecer na vida de um aluno e qual a utilidade, para ele, de saber quantas sobraram? Esse simples exemplo ilustra como estamos, há séculos, trazendo para a sala de aula situações nada condizentes com a aplicação real e utilidade do conhecimento que tanto importa para o desenvolvimento de competências e habilidades.

Outro aspecto importante para o desenvolvimento da autonomia é o chamado **poder de escolha**. Imagine o atual sistema educacional brasileiro. Quem escolhe o que o aluno vai estudar? Quem escolhe o horário da aula? Quem escolhe a semana de provas? Quem escolhe os professores? O que o aluno escolhe? Se não damos aos alunos qualquer oportunidade ou liberdade de escolha, como podemos esperar que ele tenha autonomia?

Portanto, dar algum grau de liberdade de escolha é ferramenta fundamental para suportar a autonomia do aluno. Escolher é uma excelente habilidade com a qual o aluno passa a desenvolver a sua autonomia de aprendizagem. Saber escolher e arcar com as consequências da decisão da escolha é fundamental para o desenvolvimento de um indivíduo mais autônomo e seguro de si.

Por fim, não há como existir liberdade de escolha sem uma clara relação de confiança. Assim, cabe ao professor ou facilitador criar essa confiança por meio da comunicação clara e transparente sobre os objetivos de aprendizagem propostos, seus critérios de avaliação e as oportunidades de escolha, bem como suas devidas consequências.

Um exemplo da relação de confiança, somada à liberdade de confiança, ocorre quando um professor, ao perceber que boa parte dos alunos da sala não irá cumprir com os prazos de um projeto, dá três possibilidades de escolha aos alunos sobre outras condições de dilação de prazo e suas consequências. Ao dar a possibilidade de escolha aos alunos, cabe ao professor cumprir com o que foi combinado, ou seja, cumprir com as consequências as quais tenha deixado claro. Isso é criar uma relação de confiança.

- **Suporte à autonomia**
  - Tenho alguma liberdade.
  - Estou fazendo escolhas significativas.
  - Estou no controle do meu aprendizado.

> Há três meses, assumi a Coordenação do Curso de Fisioterapia e no final deste ano tenho um grande desafio: fazer com que os alunos se engajem na prova do ENADE a tal ponto que nossa nota mínima seja 4. Minha urgência nessa nota é porque nos dois últimos ENADEs tivemos uma nota muito baixa – 2 –, e isso prejudicou fortemente a imagem da IES, além de sanções pelo MEC. Conversei com a turma que fará o ENADE este ano e fui muito sincera sobre a situação: deixei claro que se eles não levarem a prova a sério, o curso será fechado e as consequências para o seu diploma serão catastróficas. Assumi os erros cometidos ao longo do curso nos últimos anos para chegar a esta situação, mas também afirmei que, por estarem no último ano do curso, eles têm total condição de atingir os resultados que almejamos. Também combinei de oferecer a eles aulas extracurriculares, plantões de dúvidas e simulados do ENADE para que eles se sintam mais bem preparados. Combinamos que a turma terá uma semana para reflexão sobre o problema e eles mesmos vão decidir qual será a melhor estratégia, dadas as que apresentei, para se prepararem para a prova. Estou preocupada, será que isso vai funcionar?
>
> **Amanda**, professora de Controle Neural do Movimento e Coordenadora do Curso de Fisioterapia

A situação da professora Amanda é uma excelente oportunidade para explorarmos as ferramentas que nos auxiliam a gerar motivação intrínseca. Embora esteja bastante preocupada, a Coordenadora do Curso, ao dialogar com aos alunos, usou todos os elementos que apresentamos até aqui: (a) explicou a situação aos alunos, ou seja, trouxe a realidade (explicou o que era o ENADE e as consequências de uma nota ruim para o curso e para o diploma), propondo ferramentas reais para auxiliá-los (aulas extracurriculares, simulados etc.); (b) deu liberdade de escolha e tempo aos alunos para reflexão e para decidirem como preferem proceder dadas as estratégias que a Coordenação apresentou, sabendo de suas consequências; e, por fim, (c) promoveu uma relação de confiança, ao ser transparente sobre a situação e confiando na tomada de decisão dos alunos sobre a melhor estratégia de preparação para a prova.

Em trabalhos por projetos ou atividades em grupo, é sempre possível, ao desenhar a dinâmica proposta, considerar estes três elementos:

- Trazer uma situação real que envolva o uso de ferramentas reais.

- Dar possibilidades e diferentes caminhos que os alunos possam percorrer, sabendo suas consequências.
- Estabelecer uma relação de confiança em que cabe ao próprio professor ou facilitador realizar aquilo que foi combinado.

Embora não sejam elementos triviais, pois exigem um nível de reflexão por parte de quem desenha a experiência de aprendizagem, essas ferramentas auxiliam muito na motivação dos alunos para os diferentes cursos que podemos desenhar. Assim, quando for planejar suas dinâmicas, encontre maneiras de permitir que os alunos façam escolhas e possam assumir o controle. Ainda, tenha em mente que é impossível manter os alunos intrinsecamente motivados em todo o tempo, portanto, fique à vontade para conciliar e alternar estratégias de motivação intrínseca com as de motivação extrínseca.

> **E O ENSINO REMOTO?**
>
> A escolha da dinâmica de aprendizagem mais adequada ao desenvolvimento de um dado objetivo de aprendizagem deve considerar os **quatro fatores fundamentais** que vimos neste capítulo, inclusive no que tange ao ensino remoto.
>
> O grau de segurança do professor, os recursos disponíveis, a motivação intrínseca e o alinhamento aos objetivos de aprendizagem são também imprescindíveis no sucesso do ensino remoto e devem ser considerados!
>
> É importante sempre começar a trabalhar o ensino remoto com objetivos de aprendizagem de níveis cognitivos mais simples, pois isso lhe garante maior segurança na gestão da sala de aula virtual e exige pouco em termos de complexidade tecnológica.
>
> Além disso, quando se trata de motivação e engajamento dos alunos no ensino remoto, outros pontos merecem destaque: garanta a comunicação com o aluno de forma rápida e efetiva, antecipando-se dos fatos e sendo transparente. Faça os combinados e deixe claro aos alunos suas expectativas em termos de entregas e avaliações. Registre os combinados em vídeo e em texto. Isso garante que a comunicação fique clara e acessível.
>
> Crie um ambiente propício à participação: permita e convide os alunos para falarem pelo microfone e interagirem no *chat*.

Dinâmicas ACA – Aprendizado Centrado no Aluno

Como vimos até aqui, ainda é comum a ideia de o professor ocupar o centro do processo de ensino e aprendizagem, como grande protagonista e responsável por transmitir conhecimento e comandar as atividades didáticas. Mas a mensagem que queremos deixar com o método PDAF® é o quão importante é desenhar experiências de aprendizagem nas quais o grande protagonista deve ser o aluno, uma vez que, sem sua participação ativa, não existe aprendizado. Assim, ao desenhar suas dinâmicas, tenha em mente sempre o princípio do Aprendizado Centrado no Aluno (ACA). Dentre suas características, podemos destacar:

- **O aprendizado de um novo conhecimento depende do conhecimento prévio do aluno.** A assimilação do conhecimento acontece à medida que o aluno vincula o novo conhecimento a um conhecimento já existente. Daí a importância de levarmos em consideração aquilo que o aluno já conhece, ou seja, seu conhecimento prévio. Devemos ainda reconhecer que diferentes alunos possuem características particulares e que o conjunto de conhecimentos prévios varia de turma para turma.

- **A dinâmica de aula precisa ser flexível e adaptada à realidade de cada turma.** Como professores, devemos ser flexíveis em nossa prática e dinâmica em sala de aula, levando em conta o histórico dos alunos e como eles fazem a conexão entre o novo e o já sabido. A agenda da aula deve ser suficientemente flexível para poder ser ajustada de acordo com as necessidades de cada turma.

Entre uma abordagem centrada totalmente no aluno e uma abordagem centrada totalmente no professor, existe um *continuum*. Não se trata, portanto, de uma visão dicotômica, conforme vemos na Figura 3.3.

Abordagem centrada no professor	Abordagem centrada no aluno
Professor como transmissor de conhecimento	Professor como facilitador no processo de ensino e aprendizagem
Agenda de aula predeterminada para "cobrir" determinado conteúdo programático	Agenda da aula flexível para se ajustar às necessidades dos alunos
Momento específico de abertura para perguntas, com comentários e explicações predefinidos	Aula dinâmica com participação ativa dos alunos e discussões triangulares entre a turma
Uso de problemas bem estruturados, com uma única resposta correta	Uso de problemas mal estruturados, baseados em situações reais e multidimensionais

Figura 3.3 *Continuum* **entre a abordagem centrada no professor e a abordagem centrada no aluno.**

Fonte: Os autores.

No *site* do Centro de Desenvolvimento de Ensino e Aprendizagem (DEA) do Insper ou pelo QRCode a seguir, você pode ter acesso ao *Toolkit* de Dinâmicas ACA, para obter novas ideias de como promover o Aprendizado Centrado no Aluno (ACA). Optamos, neste capítulo, por apresentar aspectos relativos às dinâmicas pouco discutidos, porém muito relevantes para que os estudantes possam atingir bons resultados em seus processos de aprendizagem (alinhamento com os objetivos, papel da motivação extrínseca e intrínseca, entre outros). Assim, em vez de apresentar dinâmicas consagradas (como estudos de caso e projetos) e menos conhecidas (como Trial e Jigsaw), optamos por disponibilizar as dinâmicas do *Toolkit* de Dinâmicas ACA do DEA.

LINK ÚTIL
Para saber mais sobre **Dinâmicas ACA**, acesse o código ao lado ou:
https://insper.blackboard.com/bbcswebdav/institution/DEA/toolkit
Acesso em: 22 set. 2020.

TIPOS DE DINÂMICAS

Uma vez que o professor tenha definido os objetivos de aprendizagem do seu curso, mais fácil será escolher os tipos de dinâmicas que melhor atendam aos níveis cognitivos que se pretende alcançar. Consideramos, nesta abordagem, que dinâmicas em que os alunos estejam mais passivos, como em aulas predominantemente expositivas, leitura de livros ou vídeos, tendem a atingir níveis cognitivos de ordem mais baixa. Ao passo que quanto mais os alunos forem colocados em ação (quanto mais eles forem protagonistas na sala de aula), mais chances haverá de que atinjam níveis cognitivos de ordem mais elevada, como ocorre em aprendizagem por projetos ou em dinâmicas de grupo.

Reforçamos, ainda, que a escolha da dinâmica de ensino-aprendizagem inevitavelmente exige do professor a organização da experiência considerando diferentes momentos de interação dos alunos ao longo da jornada, representados na Figura 3.4.

Pré-aula → Durante a aula → Pós-aula

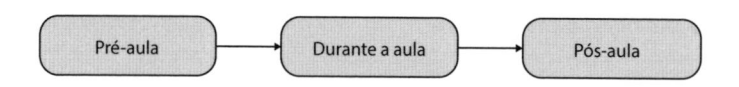

Figura 3.4 Planejamento das dinâmicas: diferentes momentos de interação.

Fonte: Os autores.

Ao planejar a dinâmica de ensino-aprendizagem, é importante considerar o que é necessário ser feito pelos alunos na pré-aula. Esse momento representa, para muitos professores, o de maior aborrecimento por uma tentativa, muitas vezes frustrada, de estimular uma leitura prévia aos alunos que nunca é realizada.

Se esse for o seu caso, considere o contexto pelo qual o seu grupo de alunos está inserido (fatores situacionais) e veja se a leitura recomendada é, de fato, a ferramenta mais adequada à dinâmica que será aplicada durante a aula. Um dos erros mais cometidos pelos professores que pedem a leitura prévia é justamente não utilizá-la durante a aula. Se os alunos percebem que a leitura não é importante para a atividade durante a aula, cada vez mais serão desmotivados a fazer o estudo prévio. Além disso, é possível adotar outras alternativas à leitura, como disponibilização de vídeos, *podcast* ou resolução de exercícios.

O segundo momento da jornada é a aula propriamente dita, que deve estar muito bem atrelado ao momento pré-aula. Se foi exigida a preparação prévia do aluno, é preciso garantir que durante a aula o aluno perceberá a relevância do estudo prévio. Aqui cabe relembrar os fatores que auxiliam a motivação dos alunos, como o senso de competência, propósito e autonomia. Ademais, não devemos nos esquecer dos recursos necessários para criar o ambiente propício para que o aluno desempenhe o seu esforço de desenvolvimento e lembre-se: a ação do aluno não deve acontecer em um único momento.

Inicialmente, o aluno dará uma resposta "mais ou menos"; ao criar novas dinâmicas, ao longo do curso, haverá novas respostas dos alunos. Por isso, o terceiro momento da jornada também é importante: o pós-aula. Aplicar atividades ou tarefas para além da sala de aula pode ser uma excelente estratégia de criar outras oportunidades para que os alunos desenvolvam as habilidades. Entretanto, essa escolha exige a mediação da aprendizagem também após a aula, por meio de *feedback* da aprendizagem que será apresentado no Capítulo 5 deste livro.

Blue Sky

Para auxiliá-lo a escolher os tipos de dinâmicas mais adequadas aos objetivos de aprendizagem do seu curso, recomendamos a utilização de uma metodologia de *brainstorming* chamada *Blue Sky*,[10] muito usada na escola de Engenharia de Olin College,[11] nos Estados Unidos. Para essa atividade, recomendamos convidar um colega ou um grupo de amigos para auxiliá-lo. Você pode, inclusive, apresentar esse método para professores da sua instituição de ensino e, juntos, cocriarem dinâmicas de ensino-aprendizagem.

É sempre importante ressaltar que a aplicação do método PDAF® será sempre mais bem-sucedido se for feito de forma colaborativa, permitindo a troca de informações e *feedbacks* contínuos entre pares sobre todo o desenho da experiência de aprendizagem. Por isso, fazer o *Blue Sky* com um par ou grupo de pessoas enriquece o processo criativo, permitindo a criação de uma grande variedade de dinâmicas.

Além disso, recomendamos o uso do *template* do *Blue Sky* em uma folha *flipchart*, cartolina, ou, ainda, em papel sulfite A4. Você também pode utilizar *post-its* ou canetas coloridas.

Para começar, vamos fazer uma rápida reflexão para escolha de um objetivo de aprendizagem do seu curso (competência). Uma vez definida a competência, dentre o rol de habilidades possíveis, escolha uma única e escreva nos campos indicados no Quadro 3.4.

Quadro 3.4 *Template* **para definição de competência e habilidade**

Nome do curso/disciplina:		
Objetivo de aprendizagem	Competência (sintética e completa): *ao final da experiência de aprendizagem, o aluno será capaz de?*	
	Habilidade (ação esperada): *escolha 1 habilidade dentre as que você tenha selecionado para que o aluno atinja a competência acima.*	

Agora que você já escolheu a habilidade, convide seus pares, por meio de *brainstoming*, a cocriarem dinâmicas que possam estar a serviço dessa habilidade. Ou seja, escolher ou criar tipos de dinâmicas que auxiliem os seus alunos a desenvolver a habilidade esperada (objetivo de aprendizagem) usando o *template* da Figura 3.5.

Como funciona o *Blue Sky*?

O objetivo da ferramenta é fazer com que você atinja o *Blue Sky*. Já ouviu a expressão Céu de Brigadeiro? É isso mesmo. Com o auxílio do *template* da Figura 3.5, você será capaz de escolher ou criar dinâmicas tão boas quanto o belo azul de um Céu de Brigadeiro (*Blue Sky*).

Para isso, na Figura 3.5, considere o eixo *x* como uma linha do tempo do seu curso. Tempo em que se deve levar, ao longo do curso, para que o aluno atinja o objetivo de aprendizagem proposto. Já no eixo Y, considere colocar dinâmicas que vão desde o que chamamos de "pés no chão" até dinâmicas "estratosféricas". Dinâmicas "pés no chão" são todas aquelas que não exigem muito esforço para serem aplicadas, ou seja, não são necessários muitos recursos ou esforços e é algo que, se você quiser, pode aplicar em sala de aula amanhã.

As dinâmicas "estratosféricas", por sua vez, são exatamente o oposto. São tudo aquilo que a sua imaginação puder criar "fora da caixa", que exija recursos quase impossíveis e tantos esforços, que não seria possível aplicar em sala de aula amanhã.

Inicie a proposta de *brainstorming* por 20 minutos com foco total em pensar em dinâmicas pés no chão (1). Depois, foque mais 20 minutos de *brainstorming* para pensar "fora da caixa" e criar dinâmicas estratosféricas (2). Na sequência, devido ao processo de *brainstorming* e o estímulo à criatividade, automaticamente ocorrerão a você e aos seus colegas *insights* de dinâmicas *Blue Sky* (3). Se os *insights* não surgirem, o simples exercício de focar mais 20 minutos de *brainstorming* no *Blue Sky* (3) vai te ajudar a ter ideias criativas de dinâmicas alinhadas ao seu objetivo de aprendizagem. Divirta-se e lembre-se: *brainstorming*[12] pressupõe algumas regras importantes:

- Uma conversa por vez.
- Quantidade importa.
- Construa sobre as ideias dos outros.
- Encoraje ideias malucas.
- Mantenha o foco.
- Não faça críticas ou julgamentos à ideia dos outros.

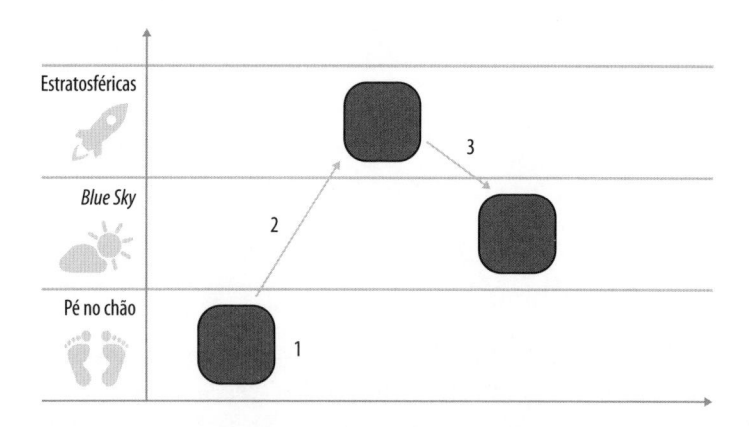

Figura 3.5 *Template* **para o** *Blue Sky*.

Fonte: Os autores.

O QUE VOCÊ APRENDEU NESTE CAPÍTULO?

Neste capítulo, diferenciamos dinâmicas de experiência de aprendizagem, entendendo esta última como todo o conjunto pelo qual se deve elaborar uma experiência de aprendizagem para os alunos (PDAF), sendo que a dinâmica (D) é apenas uma parte da experiência.

Ao pensar na experiência de aprendizagem, recapitulamos a importância da elaboração de objetivos de aprendizagem e como eles são também essenciais para nortear as dinâmicas. Afinal, aprendemos que as dinâmicas são a condição que se cria, durante toda a experiência de aprendizagem, para que o aluno seja capaz de atingir os objetivos de aprendizagem. É por isso, inclusive, que as dinâmicas devem sempre estar alinhadas aos objetivos de aprendizagem.

Também aprendemos que para o sucesso de uma dinâmica devemos considerar alguns elementos imprescindíveis: o nível cognitivo do objetivo de aprendizagem, os recursos disponíveis, o grau de segurança do professor e a motivação do aluno. Neste último, aprendemos algumas técnicas importantes que devem ser consideradas ao planejar a sua aula se quiser despertar a motivação intrínseca dos seus alunos: senso de competência, senso de propósito e conexão e o suporte à autonomia.

E, por fim, você teve um exercício prático de elaboração de dinâmicas alinhadas aos objetivos de aprendizagem ao utilizar a técnica de *brainstorming* do *Blue Sky*. Agora que você chegou até aqui, reveja se os objetivos de aprendizagem da sua disciplina e as dinâmicas propostas estão bem alinhados, garantindo sucesso à experiência de aprendizagem do aluno, pois foram construídas colocando-o no centro do processo de aprendizagem e dando-lhe oportunidade de treinar as habilidades propostas pelo seu curso ou disciplina.

Referências

1. REVISTA ENSINO SUPERIOR. *Na vanguarda do Ensino*. Disponível em: https://revistaensinosuperior.com.br/na-vanguarda-do-ensino/. Acesso em: 22 set. 2020.
2. MATASSOGLIO, O.; SOSTER, T. S. *Inovação acadêmica e aprendizagem ativa*. Porto Alegre: Penso, 2017.
3. MAZUR, E. *Peer instruction*: a revolução da aprendizagem ativa. Tradução: Anatólio Laschuk. Porto Alegre: Penso, 2015.
4. HUITT, W. B. et al. *Taxonomy of the cognitive domain*: educational psychology interactive. Valdosta, GA: Valdosta State University, 2011.
5. STOLK, J.; SOMMERVILLE, M. The Intrinsic-Motivation Course Design Method. Tempus Publication: 2017. Disponível em: http://publish.illinois.edu/glherman/files/2017/03/2017-IJEE-IM-Course-Design.pdf
6. PINK, D. H. *Motivação 3.0*. Drive: a surpreendente verdade sobre aquilo que nos motiva. São Paulo: Sextante, 2019.
7. AMBROSE, S.; BRIDGES, M.; DIPIETRO, M. *How learning works*: seven research-based principles for smart teaching. Foreword by Richard E. Mayer, 2011.
8. DECI, E.; RYAN, R. M. Self-determination theory and the facilitation of instrinsic motivation, social development and well-being. *American Psychologist*, 2000. Disponível em: https://selfdeterminationtheory.org/SDT/documents/2000_RyanDeci_SDT.pdf. Acesso em: 22 set. 2020.

9. STOLK, J.; MARTELLO, R. Interview about instrinsic motivation. Disponível em: https://www.youtube.com/watch?v=EqAlj3XZjjY. Acesso em: 22 set. 2020.
10. STOLK, J.; MARTELLO, R. *Summer Institute*. WORKSHOP. Olin College Course. 2017.Disponível em: https://olincollege.exposure.co/summer-institute. Acesso em: 5 out. 2020.
11. OLIN COLLEGE OF ENGINEERING. Disponível em: http://www.olin.edu/. Acesso em: 22 set. 2020.
12. DESIGN KIT. Disponível em: https://www.designkit.org/methods/28. Acesso em: 22 set. 2020.

CAPÍTULO 4

AVALIAÇÃO

Objetivos de aprendizagem

Ao final deste capítulo, você deverá ser capaz de:

- Compreender as diferenças entre Sistema de notas e Sistema de avaliação da aprendizagem.
- Explicar os diferentes tipos de avaliação de aprendizagem e suas especificidades.
- Relacionar o conceito de validade ao de instrumentos de avaliação.
- Compreender as rubricas como instrumentos de coleta de evidências de desempenho, para intervenção em resultados indesejados de aprendizagem.

Introdução

Avaliação é um tema que causa muita discussão e ansiedade no dia a dia das instituições de ensino, desde o ensino fundamental até a pós-graduação, não é mesmo? Para iniciarmos nossas discussões sobre o tema, vamos conhecer a situação vivida pelo professor Angelo.

> Faz bastante tempo que ministro a disciplina Introdução à Biologia Celular em cursos de graduação na área de saúde. Nas primeiras aulas, apresento os processos de origem e evolução dos tipos celulares hoje conhecidos, incluindo uma discussão sobre organização celular dos procariotas e eucariotas e arquitetura das membranas biológicas. Nas aulas subsequentes, apresento outros temas, divididos em dois grandes blocos: ciclo energético biológico e núcleo celular. Costumo dar notas de participação pelas atividades, fazer uma avaliação intermediária e um exame final, nos quais insiro os conteúdos vistos em situações problematizadoras, para que os alunos possam aplicar o conhecimento. Os alunos parecem compreender as explicações em sala, mas reclamam da quantidade de material a ser estudado para as provas. Há muitos tópicos a serem estudados, mas os alunos devem ter seus próprios métodos de estudo, que auxiliam a compreensão dos conceitos. No entanto, os alunos parecem estar tendo muita dificuldade nos exames, pois quase 30% deles não têm sido capazes de fazer aplicações simples do conhecimento.
>
> **Angelo**, professor de Introdução à Biologia Celular em cursos de graduação na área de saúde

A situação vivida pelo professor Angelo e seus alunos apresenta um processo de aprendizagem no qual estão inseridos dois momentos avaliativos propriamente ditos (avaliação intermediária e exame final). A nota de participação, como vimos no Capítulo 3, sobre dinâmicas, parece estar sendo usada como recurso de motivação extrínseca.

Nas avaliações, o desempenho dos estudantes não corresponde ao que o docente esperava. Para explorar um pouco mais, vamos selecionar hipoteticamente, a título de exemplo, dois alunos do professor Angelo. O aluno 1 (A1), que, no decorrer do período letivo, foi fazendo as atividades para conseguir as notas e teve ótimo desempenho na prova intermediária. Ele ainda precisa de algum esforço para a prova final, mas apenas administra seu desempenho para ser aprovado na disciplina. Já o aluno 2 (A2) inicia a disciplina com alguma dificuldade no aprendizado e vai melhorando seu desempenho no decorrer do tempo. Imaginemos que as médias finais de ambos sejam bastante próximas. Nessa situação, o esforço de A1 é provavelmente menor do que de A2, mas as notas não parecem traduzir a diferença no percurso dos dois.

Ao observarmos os dois, representados na Figura 4.1, o segundo aluno (A2), mesmo com as notas mais baixas, trabalhou de maneira diferente o processo de aprendizagem e demonstra um comportamento ascendente, demonstrando avanço de aprendizagem. Já o primeiro aluno (A1) tem um comportamento estratégico e, ao final, pode não ter aprendido nada sobre alguns tópicos ou objetivo, e, mesmo assim, ter nota igual ou superior àquele que vem num crescendo. Nesse sentido, o sistema acaba sendo punitivo para o aluno que tem mais dificuldade frente ao que aprende a administrar o processo avaliativo e vai ter mais foco na nota do que no processo.

Pelo relato feito pelo professor Angelo, não sabemos exatamente quais são seus objetivos de aprendizagem. Aparentemente, são apresentados nas aulas os principais conceitos para os estudantes, mas não se sabe com certeza o que o docente espera que os alunos façam com eles.

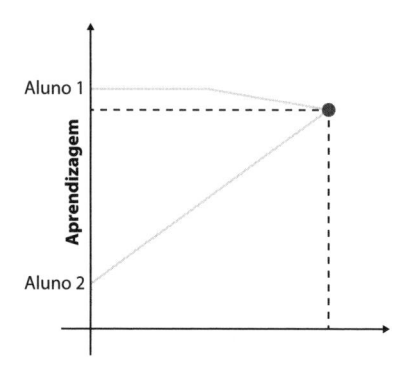

Figura 4.1 Comparação da avaliação de desempenho entre Aluno 1 e Aluno 2.

Fonte: Os autores.

Quando ele fala sobre suas avaliações, diz que insere *"os conteúdos vistos em situações problematizadoras, para que os alunos possam aplicar o conhecimento"*. Não há informações, no entanto, se os estudantes praticaram habilidades relativas à aplicação do conhecimento no decorrer das aulas e das atividades propostas. Se isso, de fato, estiver acontecendo, há um desalinhamento entre os objetivos de aprendizagem (o que é avaliado) e o que acontece nas dinâmicas das aulas e fora delas.

Outro aspecto da fala do professor Angelo que reforça essa percepção é a menção à quantidade de conteúdos a estudar. É possível inferir que os conteúdos vistos em sala são complementados com outras explicações ou mesmo há tópicos que os estudantes precisam estudar por conta própria. Aqui também fica a impressão de que os estudantes estão focados em entender conceitos nas aulas e fora delas, inclusive de forma autônoma, mas, na prática, o professor parece exigir outras habilidades (aplicação) no processo avaliativo.

É como se, no entendimento do professor Angelo, a compreensão de conceitos fosse suficiente para que os alunos conseguissem aplicá-los em situações problematizadoras. Como o docente não parece estar focado no desenvolvimento dos estudantes em relação a objetivos de aprendizagem, considera, mesmo que de forma inconsciente, que habilidades relativas ao "lembrar" e ao "compreender" (resgatando novamente a Taxonomia de Bloom) são suficientes para que o estudante, automaticamente, atinja níveis cognitivos mais complexos, que parecem ser o foco de suas avaliações.

Ao não ter objetivos de aprendizagem claros e avaliados por meio de instrumentos alinhados a esses objetivos, o professor Angelo talvez não tenha clareza de onde quer que seus alunos estejam no final da disciplina.[1] É como se a prática desenvolvida nas aulas e nas atividades extras estivesse focada no entendimento de conteúdos e as avaliações, voltadas para a aplicação desses conhecimentos.

Outro aspecto fundamental: o professor Angelo parece não saber por que seus alunos não atingiram os resultados que ele esperava. Ele se limita a constatar que eles estão *"tendo muita dificuldade nos exames, pois quase 30% deles não têm sido capaz de fazer aplicações simples do conhecimento"*. Não foram apresentadas, no entanto, hipóteses claras para esse resultado.

Talvez, ao comentar que os alunos *"devem ter seus próprios métodos de estudo, que auxiliam a compreensão dos conceitos"*, o professor imagine que essa seja a causa dos desempenhos indesejados. Em nosso entender, o ponto principal aqui foi a aparente falta de alinhamento entre objetivos de aprendizagem e instrumentos avaliativos.

Procurando compreender o que está ocorrendo, vamos fazer algumas considerações sobre o conceito de avaliação da aprendizagem.

Um processo avaliativo da aprendizagem precisa considerar dois aspectos:

- Onde se quer que os alunos estejam no final de uma disciplina ou de um programa?
- Como saber se eles chegaram lá?

A avaliação, nessa perspectiva, é o processo de coletar informações sobre o desempenho dos estudantes para planejar ações pedagógicas que possam melhorar o aprendizado.[2] Essas informações são fundamentais para que os professores possam fazer a gestão do processo, a fim de que os melhores resultados sejam atingidos.

E O ENSINO REMOTO?

Os ambientes virtuais de aprendizagem (LMSs), se bem organizados em prol do aprendizado, podem ser um excelente recurso para a avaliação. Se os instrumentos avaliativos estiverem alinhados aos objetivos de aprendizagem da disciplina, aplicá-los em ambiente virtual pode tornar a coleta de dados um processo mais automático, o que pode facilitar as análises dos resultados e agilizar eventuais tomadas de decisão sobre o planejamento das próximas aulas, para que resultados indesejados de aprendizagem possam ser revertidos.

Ressalta-se, ainda, que é preciso organizar instrumentos alinhados aos objetivos de aprendizagem para que se possam fazer as medições. Há duas razões principais para alinhar avaliações com objetivos de aprendizagem. Primeiro, o alinhamento aumenta a probabilidade de proporcionar ao estudante as oportunidades de aprender e praticar os conhecimentos e as habilidades que serão necessários a seu desenvolvimento. Em segundo lugar, quando as avaliações e os objetivos estão alinhados, as boas notas tendem a traduzir-se em aprendizagem adequada. **Quando objetivos e avaliações são desalinhados, muitos estudantes concentrarão seus esforços em atividades que levarão a boas notas nas avaliações, em vez de dedicar-se a aprender o que acreditamos ser importante.**

> **REFLITA**
> Como você tem organizado as atividades avaliativas de sua disciplina? Elas têm servido como base para coleta de evidências de como está a aprendizagem dos estudantes em relação aos objetivos de aprendizagem propostos?

Avaliação da aprendizagem

Como vimos, o alinhamento entre os objetivos de aprendizagem e os instrumentos avaliativos é um aspecto fundamental que deve nortear toda a experiência de aprendizagem proposta. Além disso, há outro elemento imprescindível para que o processo avaliativo ocupe a função que lhe cabe na aprendizagem: em nosso entender, **toda avaliação deve ter foco na coleta de evidências, para que, a partir delas, o professor possa proporcionar aos alunos oportunidades de melhorar a aprendizagem**.

Na situação vivida pelo professor Angelo e seus alunos, não são apresentados dados sobre o aprendizado, para que ele analise possíveis causas que estejam gerando desempenhos insatisfatórios. Desse modo, não há uma análise dos resultados e das partes que o compõem (instrumentos de avaliação, rubricas etc.) para que o professor possa reavaliar o planejamento e propor ações que gerem impacto positivo no aprendizado.

Se o professor não tem dados detalhados dos resultados de qualquer avaliação que lhe permitam saber com alguma precisão as causas de erros de seus estudantes, há pouca possibilidade de intervir nisso. E esse deveria ser um foco central: se, ao organizar uma unidade curricular, selecionamos determinados objetivos de aprendizagem (sempre entendendo que eles associam habilidades e conceitos), um de nossos principais objetivos é desenhar experiências que levem os alunos a atingirem esses objetivos de forma adequada, o que inclui organizar um processo avaliativo focado em compreender como está a aprendizagem dos estudantes no decorrer da unidade escolar.

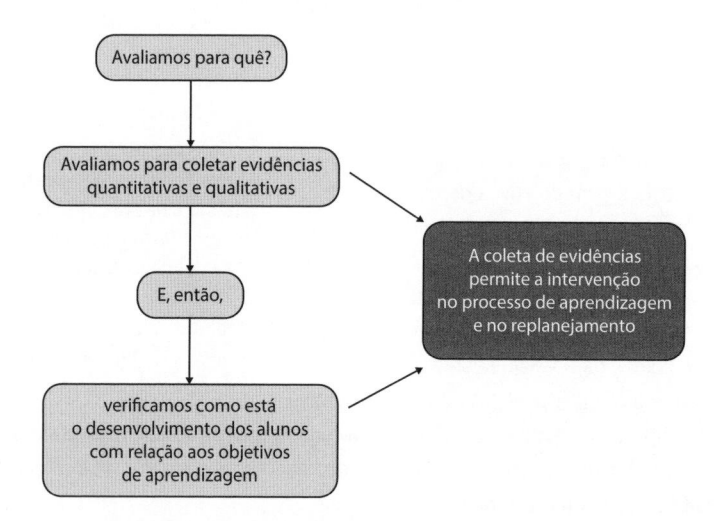

Figura 4.2 Processo avaliativo focado na coleta de evidências sobre aprendizagem.

Fonte: DEA. *Materiais para AoL*. Insper, 2019.

Para aprofundarmos nosso entendimento sobre essa questão da avaliação focada na coleta de evidências sobre a aprendizagem, vamos acompanhar mais uma situação, vivida pela professora Patrícia.

A professora Patrícia ministra uma das disciplinas de Microeconomia da faculdade FIRENZE e precisa de uma atividade avaliativa relativa ao índice de Lerner. Ela gostaria de saber se os alunos eram capazes de calcular o índice, que proporciona uma análise do poder de mercado das empresas.

Observando a prova do ENADE 2019 de Ciências Econômicas, ela encontrou uma atividade que considerou adequada para avaliar o conhecimento dos alunos sobre o tema. A questão também exigia dos estudantes conhecimento sobre fatores que afetam o poder de mercado de empresas, mas, como ela já havia mencionado isso em aulas anteriores, achou oportuno aplicar o exercício também como forma de revisão.

---

enade 2018

QUESTÃO DISCURSIVA 05

O Índice de Lerner proporciona uma análise do poder de mercado da firma, ou seja, quando uma empresa enfrenta uma curva de demanda negativamente inclinada, então tem capacidade para escolher o preço de mercado. Esse índice é dado por:

$$L = \frac{P - CMg}{P} = \frac{1}{|E_{pd}|}$$

em que,
L é o índice de Lerner, tal que $0 \leq L \leq 1$; P é o preço; CMg é o custo marginal da firma; E_{pd} é a elasticidade-preço da demanda.

Quanto maior o índice de Lerner, maior é a distância entre o preço praticado e o preço concorrencial. Assim, quanto menos elástica for a curva de demanda com a qual a firma se depara, maior será a diferença entre o preço e o custo marginal e, portanto, maior é o seu poder de mercado.

PINDYCK, R. S.; RUBINFELD, D. L. *Microeconomia*. São Paulo: Pearson, 2010 (adaptado).

Considerando as informações apresentadas, faça o que se pede nos itens a seguir.

a) Supondo uma elasticidade-preço da demanda em módulo igual a 4, calcule o Índice de Lerner e, com base nesse resultado, explique a relação entre o custo marginal e o preço. (valor: 5,0 pontos)

b) Identifique dois fatores que afetam o poder de mercado das firmas. (valor: 5,0 pontos)

Figura 4.3 Exemplo de questão discursiva do Enade.
Fonte: http://download.inep.gov.br/educacao_superior/enade/provas/2018/ciencias_economicas.pdf. Acesso em: 22 set. 2020.

O INEP, instituto responsável pelo ENADE, fornece um padrão de respostas para as atividades discursivas. A professora Patrícia fez uma adaptação do padrão, detalhando-o um pouco mais.

a) O estudante deve calcular a partir do inverso da elasticidade-preço da demanda o Índice de Lerner:

$$L = \frac{1}{|E_{pd}|} = \frac{1}{4} = 0{,}25$$

E calcular a relação entre custo marginal e preço:

$$L = \frac{P - CMg}{P} = \frac{1}{4} = 0{,}25$$

$$\frac{P - CMg}{P} = \frac{1}{4} = 0{,}25$$

$$4P - 4CMg = P$$

$$-4CMg = P - 4P$$

$$-4CMg = -3P$$

$$-CMg = -\frac{3P}{4P}$$

CMg = 0,75P

A relação entre custo marginal e preço é 0,75, ou seja, o custo marginal é 75% do preço.

b) O estudante deve citar dois dos fatores apresentados a seguir.
- Substitutibilidade dos bens.
- Essencialidade do bem.
- Peso no orçamento.
- Política de discriminação de preços.
- Diferenciação de produto.

Fonte: Adaptado de http://download.inep.gov.br/educacao_superior/enade/padrao_resposta/2018/ciencias_economicas.pdf. Acesso em: 05 out. 2020.

Com base no padrão adaptado, Patrícia corrigiu as provas de seus 30 alunos, usando a mesma escala de notas sugerida no enunciado original (até 5 pontos para a questão a e até 5 pontos para a questão b). A média esperada na avaliação é 5, e ela obteve os seguintes resultados:

Aluno	Questão 1	Questão 2	Nota total
Albino Borja	3,5	5,0	8,5
Aldonça Antúnez	1,0	1,0	2,0
Antônio Penteado	4,5	4,0	8,5
Barnabé Nóbrega	3,5	4,0	7,5
Berengário Branco	4,5	3,0	7,5
Caetana Novaes	4,0	5,0	9,0
Celestina Neiva	4,5	5,0	9,5

[CONTINUA]

[CONTINUAÇÃO]

Aluno	Questão 1	Questão 2	Nota total
Dalila Porciúncula	3,5	3,0	6,5
Delfina Durán	4,0	5,0	9,5
Elsa Valladares	2,5	5,0	7,5
Emílio Torquato	1,0	3,0	4,0
Estanislau Belchior	2,0	3,0	5,0
Fernão Vilarim	3,0	4,0	7,0
Gláucio Castellano	1,0	3,0	4,0
Iracema Mourinho	3,5	4,0	7,5
Leônidas Gois	5,0	5,0	10,0
Marco Espargosa	4,5	4,0	8,5
Margarida Quintero	3,5	5,0	8,5
Matilde Piratininga	3,0	3,0	6,0
Maurício Laranjeira	2,0	4,0	6,0
Miguel Pirajá	3,5	3,0	6,5
Ondina Zarco	3,0	3,0	6,0
Querubina Pedrozo	3,0	4,0	7,0
Quitério Jardim	2,5	2,0	4,5
Sidónio Mont'Alverne	3,0	1,0	4,0
Umbelina Pádua	3,0	2,0	5,0
Vera Paula	3,5	4,0	7,5
Zózimo Severo	4,0	4,0	8,0
Íris Castro	4,0	4,0	8,0
Íris Magallanes	4,0	3,0	7,0

Com base no exposto e em sua análise da situação, propomos uma questão: o que a professora Patrícia pode concluir sobre a aprendizagem de seus estudantes com base nos resultados obtidos?

A partir dos resultados apresentados, é possível saber que 83,3% dos estudantes atingiram pelo menos a nota esperada (5,0). Também é possível observar que os alunos tiveram mais dificuldade com a atividade *a*, que exigia habilidade simples de cálculo, com base em algum conhecimento conceitual de como se calcula o índice de Lerner. Já a atividade *b* exigia apenas que os estudantes lembrassem fatores que afetam o poder de mercado das firmas. Chegamos a essas últimas conclusões observando o padrão de respostas.

Sem discutir a adequação do objetivo de aprendizagem, que não é o foco dessa análise, um ponto que nos chama a atenção é a absoluta falta de informação sobre os erros cometidos. De que natureza foram? No caso da atividade *a*, quantos alunos não sabiam como se calcula o índice? Quantos erraram o cálculo? Erraram o cálculo por alguma distração ou por não saberem como fazer alguma operação?

Se, no processo de aprendizagem, os alunos não estão atingindo esse objetivo, é fundamental intervir. Para tanto, é preciso, por meio do processo avaliativo, entender o que está acontecendo e as causas que estão levando os alunos a não aprenderem.

É claro que "o não aprender" pode estar ligado a múltiplos fatores, como engajamento dos estudantes, momento da avaliação, aspectos emocionais etc. Mas os resultados avaliativos são um elemento fundamental para que o professor possa compreender o que está ocorrendo pelo menos do ponto de vista da cognição.

Se um dos objetivos do processo de avaliação é coletar evidências sobre o processo de aprendizagem dos alunos para que o professor possa saber como está não só a turma, como também cada aluno, em relação a determinado objetivo de aprendizagem, a avaliação passa a ganhar outra dimensão.

> **E O ENSINO REMOTO?**
> Na atualidade, os resultados avaliativos de aprendizagem dos alunos são organizados em algum sistema virtual. No entanto, em muitas situações, esses resultados pouco informam sobre a efetiva aprendizagem dos estudantes. O adequado alinhamento entre objetivos, dinâmicas, avaliação e processos de *feedback*, sistematicamente organizado, pode aumentar significativamente a qualidade da informação gerada pelas avaliações e permitir uma atuação muito mais efetiva dos docentes e das instituições de ensino em relação à aprendizagem dos alunos.

Saber como está a aprendizagem significa, na prática, ter bastante clareza do que está sendo avaliado, bem como elaborar um cenário de expectativa do que deveria ser a entrega adequada para a proposta avaliativa. Na sequência, seria preciso comparar a entrega esperada com o que foi realmente entregue pelos alunos, para que o docente possa diagnosticar o que ocorreu com os alunos que não corresponderam às expectativas.

Este é o objetivo da avaliação da aprendizagem: o professor está focado em entender como foi o desempenho dos alunos para diagnosticar onde estão os problemas e ajudá-los a entender por que não atingiram o que era esperado.

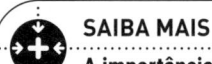

> **SAIBA MAIS**
> **A importância do *feedback* no processo avaliativo**
>
> Para Naylor,[3] o *feedback* pode ser entendido como qualquer momento de mediação da aprendizagem por parte do professor e voltado às dificuldades de aprendizado que os estudantes apresentam, com o objetivo de superá-las.
>
> A prática avaliativa dirigida por si só é insuficiente para promover a aprendizagem dos alunos.[4] Ela precisa estar articulada com o *feedback*, para promover ganhos de aprendizagem. Assim como um mapa fornece informações importantes para ajudar um viajante a saber sua posição atual, um *feedback* eficaz fornece informações sobre o estado atual de conhecimento e desempenho de um aluno, o que pode orientá-lo no trabalho em direção ao objetivo de aprendizagem.
>
> Em outras palavras, o *feedback* eficaz pode dizer aos alunos o que eles estão ou não estão entendendo, onde seu desempenho está indo bem ou mal e em que direção eles devem orientar seus esforços subsequentes. Esse tema será visto com mais profundidade no Capítulo 5, mas consideramos oportuno já associá-lo explicitamente com o processo avaliativo.

E o que é preciso para que o professor possa fazer uma boa coleta de evidências de avaliação de aprendizagem?

Alguns elementos são fundamentais:

- Um instrumento avaliando o objetivo proposto. Ou seja, **um instrumento válido**.
- **O que é o esperado como resultado**, para ter um parâmetro, como professor, do que deve ser entregue.
- **Uma escala de desempenho**, de três a cinco níveis, para avaliação de aprendizagem a partir de qualquer instrumento diferente de itens de múltipla escolha.*

Instrumentos de avaliação válidos

No contexto avaliativo, os instrumentos são meios de coleta de dados para análise da aprendizagem. Considerando-se que os objetivos são os eixos norteadores do processo de aprendizado, os instrumentos devem ser elaborados de forma que sejam capazes de mensurar o desenvolvimento dos alunos quanto aos objetivos de aprendizagem.

Qualquer que seja o instrumento (uma prova com questões discursivas, um projeto, um estudo de caso etc.), para um processo avaliativo com foco na coleta de evidências é preciso que o instrumento possa avaliar o que pretende medir,[5] sendo, portanto, capaz de mobilizar, em seus enunciados, os objetivos de aprendizagem que estão sendo avaliados.

---

* Nesta obra, não abordaremos de forma detalhada instrumentos avaliativos compostos por itens de múltipla escolha. Entendemos que esse tipo de instrumento merece um estudo especial, por duas razões principais: por serem fechados, com resposta única, são menos adequados para avaliar níveis cognitivos mais complexos. Além disso, para a formulação de item objetivo com potencial de coleta de evidências, é preciso que seus distratores sejam formulados como hipóteses típicas de erros que os estudantes cometem. Nesse sentido, a elaboração desse tipo de instrumento com foco na avaliação da aprendizagem exige especial atenção.

No caso da professora Patrícia, podemos dizer que seu instrumento é válido para o que ela deseja avaliar: *"Ela gostaria de saber se os alunos eram capazes de calcular o índice, que proporciona uma análise do poder de mercado das empresas"*. A questão selecionada por ela, no item *a*, avalia exatamente essa habilidade.

Também é possível dizer que o item *b* avaliado parece válido, na medida em que aborda temas que a professora apresentou em aulas anteriores. A exigência foi apenas verificar se os alunos tinham fixado *"fatores que afetam o poder de mercado de empresas"*.

> **DICA**
>
> Para que o instrumento seja organizado pelo princípio da validade, seu enunciado deve propor que os alunos realizem o que está previsto no objetivo de aprendizagem. Uma forma de verificar se a habilidade será, de fato, mobilizada pelos estudantes é observar a resolução da atividade. Para tanto, é oportuno que o professor resolva o instrumento e verifique se as habilidades e os conceitos previstos no objetivo de aprendizagem estão materializados na resolução. Esse pode ser um bom recurso para orientar você na elaboração de instrumentos com potencial de medir o que, de fato, se propõe a avaliar, considerando os objetivos de aprendizagem de sua disciplina.

Quadro 4.1 Exemplos de instrumentos avaliativos

Instrumento avaliativo	Descrição
Questões ou itens de múltipla escolha	Um item de múltipla escolha consiste em um problema, conhecido como o tronco, e uma lista de soluções sugeridas, conhecidas como alternativas. As alternativas consistem em uma alternativa correta, que é a resposta, e alternativas incorretas ou inferiores, conhecidas como distratores.
Questões dissertativas	As questões dissertativas são uma tarefa intelectual complexa que envolve muitas habilidades. Entre outros aspectos, exige-se: compreensão de leitura; habilidades analíticas; habilidades de escrita (incluindo organização da escrita: parágrafos, aspectos gramaticais, ortografia etc.). Em questões discursivas, é possível avaliar se o aluno comunica as ideias de forma clara e concisa, construindo um argumento demonstrável com evidências, usando fontes apropriadamente e organizando ideias de forma eficaz.
Apresentação oral	Apresentação oral é um momento de exposição verbal do aluno sobre determinado conteúdo aprendido. Por meio da apresentação oral, é possível avaliar a capacidade analítica e de síntese dos estudantes. Além disso, é um bom instrumento para medir o quanto eles são capazes de organizar uma apresentação clara e lógica; de orientar a apresentação para o público-alvo; de usar meios auxiliares de comunicação; de expressarem com exatidão conceitos e teorias, com base em literatura relevante, entre outras possibilidades.

[CONTINUA]

[CONTINUAÇÃO]

Instrumento avaliativo	Descrição
Debate	É a oportunidade de um grupo debater um tema sobre o qual tenham realizado um estudo prévio, ou que queiram aprofundá-lo. Pode se dar por meio de atividades em sala ou, em contextos digitais de aprendizagem, em forma de fórum de discussão. No debate, a capacidade analítica e argumentativa dos estudantes é bastante exigida, o que torna esse instrumento bastante oportuno para avaliar habilidades de nível médio para complexo, do ponto de vista cognitivo.
Projetos	Projetos permitem que os alunos explorem áreas de interesse em profundidade, ganhem maior independência em uma área acadêmica ou artística e trabalhem em estreita colaboração com um especialista no tema. Quando uma disciplina está estruturada em forma de projeto, ela terá objetivos de aprendizagem a serem acompanhados e avaliados ao longo das entregas e dos processos realizados pelos alunos.

Fonte: DEA. *Book de gestão da aprendizagem*. São Paulo: Insper, 2017.

E O ENSINO REMOTO?

Como pudemos notar, os LMSs, se bem organizados sob o ponto de vista da aprendizagem, podem fornecer insumos valiosos para a intervenção no aprendizado. Para tanto, porém, é imprescindível que os dados coletados sejam confiáveis. E a confiabilidade dos resultados é impactada, entre outros fatores, pela validade dos instrumentos de avaliação.

Se um instrumento não mede, de fato, o que se diz que ele pretende medir, os resultados desse processo já não são confiáveis. Caso essa premissa não seja considerada, é bastante possível que os dados coletados não sejam confiáveis e, portanto, as intervenções que serão feitas a partir deles provavelmente não possam promover a melhora esperada na aprendizagem dos estudantes.

Resultado esperado: padrões de respostas

Ao utilizar uma questão discursiva do ENADE para avaliar um objetivo de aprendizagem ("calcular o índice, que proporciona uma análise do poder de mercado das empresas"), a professora Patrícia fez uso de um padrão de respostas sugerido pela própria instituição que elaborou a prova da qual foi extraída a questão.

Nesse padrão de respostas, foi feita a resolução do exercício. Em muitos contextos pedagógicos, o padrão de respostas é entendido como sinônimo de "gabarito" ou "resolução".

Veja um exemplo desse tipo de resolução na Figura 4.4.

QUESTÃO DISCURSIVA 05

Em uma indústria produtora de extrato de tomate, o método utilizado para obter-se o produto é a evaporação a vácuo, que reduz o teor de água do suco extraído da matéria-prima. Os gases da queima, oriundos de caldeiras, são a fonte de calor que alimenta o evaporador em dutos trocadores de calor. Devido ao balanço de massa e energia, a corrente que sai do evaporador é mais concentrada que a especificada para o produto final. Assim, para controlar a concentração final do produto, utiliza-se uma corrente de contorno (*by-pass*) ao evaporador. O fluxograma a seguir representa o processo descrito.

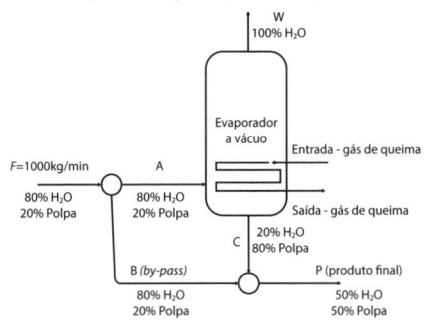

[Fluxograma:
- W: 100% H_2O (topo do evaporador a vácuo)
- F = 1000 kg/min, 80% H_2O, 20% Polpa → A
- A: 80% H_2O, 20% Polpa (entra no evaporador)
- Entrada - gás de queima / Saída - gás de queima
- C: 20% H_2O, 80% Polpa (saída do evaporador)
- B (*by-pass*): 80% H_2O, 20% Polpa
- P (produto final): 50% H_2O, 50% Polpa]

Considerando que as composições das correntes são dadas em porcentagem mássica e que não há acúmulo no sistema, calcule o valor da vazão de produto final e o valor da vazão de *by-pass*. (valor: 10,0 pontos)

Resolução

$P = 1000 \cdot 0{,}2/0{,}5$

$P = 400$ kg/min.

$B + C = 400 \quad 0{,}2 \cdot B + 0{,}8 \cdot C = 0{,}5 \cdot P$

$B = 200$ kg/min

Figura 4.4 Exemplo de questão discursiva do Enade com resolução.

Fonte: ENADE. http://download.inep.gov.br/educacao_superior/enade/provas/2017/19_ENG_QUI_BACHAREL_BAIXA.pdf. Acesso em: 05 out. 2020.

Na proposta apresentada neste capítulo, o padrão sugerido para propostas avaliativas (sem considerar testes de múltipla escolha) é um pouco diferente do simples gabarito das respostas. Além da tradicional resolução, indicamos que seja apresentada também alguma orientação descritiva do que, efetivamente, se espera que o aluno faça ao resolver as atividades.

Retomando o mesmo exemplo anterior, teríamos uma resposta conforme a Figura 4.5.

PADRÃO DE RESPOSTA

O estudante deve calcular o valor da vazão de produto final considerando que no processo global só existe polpa na corrente de entrada e na corrente de produto final P. Desse modo, então

$$P = 1000 \cdot 0{,}2/0{,}5$$

$$P = 400 \text{ kg/min.}$$

Em seguida, o estudante deve calcular o valor da vazão de by-pass, fazendo os balanços no ponto de mistura:

$$B + C = 400$$

$$0{,}2 \cdot B + 0{,}8 \cdot C = 0{,}5 \cdot P$$

Resolvendo o sistema, o estudante deve obter o resultado:

$$B = 200 \text{ kg/min.}$$

Figura 4.5 Exemplo de padrão de resposta.
Fonte: http://download.inep.gov.br/educacao_superior/enade/padrao_resposta/2017/Pad_Resp_Engenharia_Quimica.pdf. Acesso em: 05 out. 2020.

Nesse caso, o padrão descreve brevemente a habilidade a ser mobilizada na resolução da atividade (calcular), bem como menciona os aspectos conceituais que serão utilizados durante a resolução (vazão de produto final e vazão de *by-pass*).

Talvez você considere essa descrição, em princípio, desnecessária, uma vez que tem clareza do que precisa ser feito na resolução de suas propostas avaliativas. No entanto, ao propor um padrão de resposta com indicativos das habilidades e conteúdos exigidos para a resolução, você já terá um descritivo que poderá ser útil para organizar uma rubrica para avaliar o desempenho dos estudantes.

É claro que o padrão apresentará apenas o que é esperado na resolução, mas já pode ser um ponto de partida para que o professor consiga refletir sobre outros níveis da escala, diferentes desse. Veja na Figura 4.7 outro exemplo de padrão de resposta que descreve o que se espera da resolução do estudante.

QUESTÃO DISCURSIVA 05

Clientes de uma empresa de vendas de ingressos *on-line* foram alertados que poderiam estar sob o risco de fraude ou roubo de identidade após a revelação de uma grande violação de dados que afetou dezenas de milhares de pessoas. Transações fraudulentas foram realizadas nas contas de vários clientes, com gastos em serviços diversos. A empresa não forneceu mais informações sobre as transações que poderiam ser afetadas, mas enviou a seguinte mensagem aos clientes: "Recomendamos que você monitore suas declarações de conta em busca de evidências de fraude ou roubo de identidade. Se você estiver preocupado com os tipos de fraude ou suspeitar de qualquer atividade em sua conta, entre em contato com seu banco ou com a empresa de seu cartão de crédito." A empresa informou que está oferecendo aos clientes afetados um serviço gratuito de monitoramento de identidade por 12 meses.

Disponível em: <http://computerworld.com.br/2018/6/28/ticketmaster-sofre-violacao-de-dados-e-tem-vazamento-de-informacoes>.
Acesso em: 24 jul. 2018 (adaptado).

Considerando o caso apresentado, redija um texto analisando o posicionamento da empresa citada, em face do vazamento das informações de seus clientes. Em seu texto, considere a gestão e os princípios básicos da segurança da informação. (valor: 10,0 pontos)

Figura 4.6 Exemplo de questão discursiva.

Fonte: ENADE. http://download.inep.gov.br/educacao_superior/enade/provas/2018/administracao.pdf. Acesso em: 5 out. 2020.

PADRÃO DE RESPOSTA

O estudante deve analisar o posicionamento da empresa no tocante a aspectos mercadológicos e éticos, de forma a considerar consequências do vazamento de dados e das ações levadas à frente pela empresa (comunicação com os clientes e suporte no monitoramento da identidade) com relação à reputação da empresa, à sua imagem, frente aos clientes atuais e potenciais, à dificuldade em se manterem os clientes ou de se conseguirem novos, ao impacto do problema frente ao valor do serviço oferecido pela empresa. Além disso, o estudante deve apontar que o vazamento das informações está relacionado a aspectos da segurança da informação. As empresas devem garantir que a informação seja acessada somente por pessoas autorizadas e garantir que o conteúdo da mensagem não seja alterado ou violado.

Figura 4.7 Exemplo de padrão de resposta.

Fonte: http://download.inep.gov.br/educacao_superior/enade/padrao_resposta/2018/administracao.pdf. Acesso em: 5 out. 2020.

Escala de desempenho: rubrica

A rubrica é um recurso utilizado para auxiliar a avaliação de atividades e identificar diferentes tipos de desempenho dos alunos.[5] Ela descreve os níveis de aprendizado e, por conter padrões de erros e acertos, ajuda a tornar a avaliação mais criteriosa e diminuir a subjetividade na correção. A rubrica também pode ser utilizada como instrumento de *feedback* aos estudantes, por informar com clareza o desempenho esperado e algumas gradações para ser atingido.

É importante estabelecer uma escala com os desempenhos que foram alcançados pelos estudantes, para que o professor possa avaliar o processo e propor intervenções que se façam necessárias. Nesse sentido, uma escala deve ter, no mínimo, três níveis: o que ficou abaixo do básico, o básico e o esperado.

Caso você opte por organizar uma rubrica para correção de suas atividades, ela lhe permitirá ter informações sobre os desempenhos de seus alunos em uma escala e pensar como, na medida do possível, ações podem ser planejadas para desenvolver estudantes que apresentam níveis não esperados de desenvolvimento dos objetivos.

ESCALA EM TRÊS NÍVEIS

A seguir, apresentamos sugestão e exemplo de escala de desempenho em três níveis:

Sugestão de escala em três níveis

- **Abaixo do básico:** alunos que não atingiram, minimamente, o aprendizado desejado dos objetivos de aprendizagem.
- **Básico:** alunos que atingiram o aprendizado desejado dos objetivos de aprendizagem, de forma minimamente satisfatória.
- **Esperado:** alunos que atingiram o aprendizado desejado dos objetivos de aprendizagem de forma adequada.

Exemplo de escala de desempenho em três níveis

- **Competência:** *Pensamento crítico*

  Desenvolver conclusões sustentadas por uma argumentação lógica, proveniente do questionamento de fontes de dados, evidências, premissas e modelos.

  Habilidade: estruturar um argumento (hipóteses, inferências, fatos, conclusões).

Abaixo do básico	Básico	Esperado
Não reconhece a estrutura de um argumento, apresentando-o de maneira confusa. OU Estrutura parcialmente os argumentos, confundindo hipóteses, inferências, fatos e conclusões.	Estrutura parte dos argumentos, identificando hipóteses, inferências e fatos.	Estrutura a maioria dos argumentos, identificando e descrevendo hipóteses, inferências, fatos e conclusões.

Fonte: DEA. *Materiais para AoL*. Insper, 2016.

Habilidade: formular argumentos com base em fatos e fontes de dados válidas.

Abaixo do básico	Básico	Esperado
Não formula argumentos que levam a conclusões válidas. OU Estrutura parcialmente os argumentos, confundindo hipóteses, inferências, fatos e conclusões.	Formula argumentos que conduzem a conclusões razoáveis; não utiliza o raciocínio indutivo; utiliza dados para apoiar a ideia principal.	Formula argumentos que conduzem a conclusões razoáveis; utiliza, algumas vezes, o raciocínio indutivo para chegar a conclusões válidas; utiliza exemplos e dados para apoiar a ideia principal. OU Formula argumentos persuasivos que levam a conclusões razoáveis; utiliza o raciocínio indutivo para chegar a conclusões persuasivas; utiliza exemplos e dados para apoiar a ideia principal e ilustrar detalhes importantes.

Fonte: DEA. *Materiais para AoL*. Insper, 2016.

Habilidade: extrair conclusões ou inferências coerentes com a argumentação apresentada.

Abaixo do básico	Básico	Esperado
Não chega a conclusões; não evita o viés pessoal ou o "viés de confirmação". OU Tenta incorporar os resultados de sua análise em uma conclusão, mas que carece de fundamentação em evidências; é possível verificar a presença de viés pessoal ou de "viés de confirmação" em suas conclusões.	Incorpora os resultados de sua análise em uma conclusão razoavelmente fundamentada, com base em inferências suportadas por evidências razoáveis; evita, na maior parte das vezes, a influência do "viés de confirmação" e do viés pessoal em suas conclusões.	Incorpora os resultados de sua análise em uma conclusão coerente e razoavelmente fundamentada, com base em inferências suportadas por evidências razoáveis; evita a influência do "viés de confirmação" e do viés pessoal em suas conclusões. OU Incorpora os resultados de sua análise em uma conclusão coerente e bem fundamentada, com base em inferências suportadas por evidências sólidas; permanece consciente da influência do viés pessoal e do "viés de confirmação".

Fonte: DEA. *Materiais para AoL*. Insper, 2016.

Habilidade: considerar e responder a contra-argumentos válidos e relevantes que reforçam a questão principal.

Abaixo do básico	Básico	Esperado
Não reconhece nem responde a pontos de vista diferentes dos seus. Não consegue aceitar os contra-argumentos, defende os argumentos iniciais. OU Reconhece nominalmente pontos de vista diferentes dos seus. Aceita os contra-argumentos, mas continua favorável ao argumento inicial.	Reconhece e responde a alguns pontos de vista diferentes dos seus. Considera parcialmente os contra-argumentos, verificando sua validade e relevância à questão principal.	Reconhece e responde à maioria dos pontos de vista diferentes dos seus. Considera os principais contra-argumentos válidos e relevantes para a questão. OU Reconhece e responde a pontos de vista diferentes dos seus. Considera os contra-argumentos válidos e relevantes para a questão e os incorpora à sua resposta final.

Fonte: DEA. *Materiais para AoL*. Insper, 2016.

ESCALA EM CINCO NÍVEIS

É possível pensar, também, em escala com cinco níveis. Essa configuração pode dar informações importantes e mais detalhadas sobre os diferentes níveis de desempenho.

Sugestão de escala em cinco níveis

- **Incipiente:** alunos que não atingiram, minimamente, o aprendizado desejado dos objetivos de aprendizagem.
- **Em desenvolvimento:** alunos que não atingiram minimamente o aprendizado desejado dos objetivos de aprendizagem, mas que demonstram ter algum conhecimento conceitual necessário para a mobilização das habilidades avaliadas e/ou que têm domínio parcial das habilidades avaliadas.
- **Básico:** alunos que atingiram o aprendizado desejado dos objetivos de aprendizagem, de forma minimamente satisfatória, tanto do ponto de vista conceitual como do domínio de habilidades.
- **Esperado:** alunos que atingiram o aprendizado desejado dos objetivos de aprendizagem de forma adequada, tanto do ponto de vista conceitual como do domínio de habilidades.
- **Avançado:** alunos que atingiram o aprendizado desejado dos objetivos de aprendizagem, tanto do ponto de vista conceitual como do domínio de habilidades. Além disso, a entrega realizada pelo estudante mostra que ele mobiliza, de forma adequada, outras habilidades e conceitos, que não estavam no foco do processo avaliativo, mas foram empregados de forma adequada e potencializaram o resultado atingido.

Exemplos de escala de desempenho em cinco níveis

- **Competência:** *Pensamento crítico*
  Desenvolver conclusões sustentadas por uma argumentação lógica, proveniente do questionamento de fontes de dados, evidências, premissas e modelos.

  Habilidade: estruturar um argumento (hipóteses, inferências, fatos, conclusões).

Incipiente	Em desenvolvimento	Básico	Esperado	Avançado
Não reconhece a estrutura de um argumento, apresentando-o de maneira confusa.	Estrutura parcialmente os argumentos, confundindo hipóteses, inferências, fatos e conclusões.	Estrutura parte dos argumentos, identificando hipóteses, inferências e fatos.	Estrutura a maioria dos argumentos, identificando e descrevendo hipóteses, inferências, fatos e conclusões.	Estrutura os argumentos de maneira clara, identificando e descrevendo em detalhes hipóteses, inferências, fatos e conclusões.

Fonte: DEA. *Materiais para AoL*. Insper, 2016.

Habilidade: formular argumentos com base em fatos e fontes de dados válidas.

Incipiente	Em desenvolvimento	Básico	Esperado	Avançado
Não formula argumentos que levam a conclusões válidas.	Estrutura parcialmente os argumentos, confundindo hipóteses, inferências, fatos e conclusões.	Formula argumentos que conduzem a conclusões razoáveis; não utiliza o raciocínio indutivo; utiliza dados para apoiar a ideia principal.	Formula argumentos que conduzem a conclusões razoáveis; utiliza, algumas vezes, o raciocínio indutivo para chegar a conclusões válidas; utiliza exemplos e dados para apoiar a ideia principal.	Formula argumentos persuasivos que levam a conclusões razoáveis; utiliza o raciocínio indutivo para chegar a conclusões persuasivas; utiliza exemplos e dados para apoiar a ideia principal e ilustrar detalhes importantes.

Fonte: DEA. *Materiais para AoL*. Insper, 2016.

Habilidade: extrair conclusões ou inferências coerentes com a argumentação apresentada.

Incipiente	Em desenvolvimento	Básico	Esperado	Avançado
Não chega a conclusões; não evita o viés pessoal ou o "viés de confirmação".	Tenta incorporar os resultados de sua análise em uma conclusão, mas que carece de fundamentação em evidências; é possível verificar a presença de viés pessoal ou de "viés de confirmação" em suas conclusões.	Incorpora os resultados de sua análise em uma conclusão razoavelmente fundamentada, com base em inferências suportadas por evidências razoáveis; evita, na maior parte das vezes, a influência do "viés de confirmação" e do viés pessoal em suas conclusões.	Incorpora os resultados de sua análise em uma conclusão coerente e razoavelmente fundamentada, com base em inferências suportadas por evidências razoáveis; evita a influência do "viés de confirmação" e do viés pessoal em suas conclusões.	Incorpora os resultados de sua análise em uma conclusão coerente e bem fundamentada, com base em inferências suportadas por evidências sólidas; permanece consciente da influência do viés pessoal e do "viés de confirmação" em suas conclusões.

Fonte: DEA. *Materiais para AoL*. Insper, 2016.

Habilidade: considerar e responder a contra-argumentos válidos e relevantes que reforçam a questão principal.

Incipiente	Em desenvolvimento	Básico	Esperado	Avançado
Não reconhece nem responde a pontos de vista diferentes dos seus. Não consegue aceitar os contra-argumentos; defende os argumentos iniciais.	Reconhece nominalmente pontos de vista diferentes dos seus. Aceita os contra-argumentos, mas continua favorável ao argumento inicial.	Reconhece e responde a alguns pontos de vista diferentes dos seus. Considera parcialmente os contra-argumentos, verificando sua validade e relevância à questão principal.	Reconhece e responde à maioria dos pontos de vista diferentes dos seus. Considera os principais contra-argumentos válidos e relevantes para a questão.	Reconhece e responde a pontos de vista diferentes dos seus. Considera os contra-argumentos válidos e relevantes para a questão e os incorpora à sua resposta final.

Fonte: DEA. *Materiais para AoL*. Insper, 2016.

Outro exemplo de escala de desempenho em cinco níveis

- **Competência:** *Conhecimento do contexto*

    Analisar os contextos econômico, social, político e ambiental envolvidos na criação e adoção de um artefato tecnológico.

    Habilidade: reconhecer os grupos sociais relevantes para a criação e adoção de um artefato tecnológico.

Incipiente	Em desenvolvimento	Básico	Esperado	Avançado
Não é capaz de reconhecer os grupos sociais relevantes à criação e adoção de um artefato tecnológico.	Identifica a existência de grupos sociais relevantes, mas demonstra dificuldade em reconhecê-los nominalmente.	É capaz de reconhecer nominalmente os grupos sociais básicos (usuários e criadores) à adoção e criação de um artefato tecnológico.	Demonstra capacidade de reconhecer a maior parte dos grupos sociais relevantes à adoção e criação de um artefato tecnológico.	É capaz de reconhecer todos os grupos sociais relevantes à criação e adoção de um artefato tecnológico.

Fonte: DEA. *Materiais para AoL*. Insper, 2016.

Habilidade: descrever e interpretar valores, crenças e comportamentos dos grupos sociais relevantes em relação a um artefato tecnológico.

Incipiente	Em desenvolvimento	Básico	Esperado	Avançado
Não demonstra a capacidade de descrever e interpretar valores, crenças e comportamentos dos grupos sociais relevantes em relação a um artefato tecnológico.	É capaz de identificar valores, crenças e comportamentos dos grupos sociais relevantes em relação a um artefato tecnológico, mas não demonstra capacidade de interpretá-los.	É capaz, na maior parte das vezes, de descrever e interpretar valores, crenças e comportamentos dos grupos sociais relevantes em relação a um artefato tecnológico.	É capaz de descrever e interpretar, com profundidade razoável, valores, crenças e comportamentos dos grupos sociais relevantes em relação a um artefato tecnológico.	É capaz de descrever e interpretar habilmente valores, crenças e comportamentos dos grupos sociais relevantes em relação a um artefato tecnológico.

Fonte: DEA. *Materiais para AoL*. Insper, 2016.

Habilidade: explicar as forças sociais, políticas, econômicas e ambientais que impulsionam a criação e adoção de um artefato tecnológico.

Incipiente	Em desenvolvimento	Básico	Esperado	Avançado
Não chega a conclusões; não evita o viés pessoal ou o "viés de confirmação".	Não é capaz de identificar as forças que impulsionam a criação e adoção de um artefato tecnológico.	É capaz de identificar nominalmente forças que impulsionam a criação e adoção de um artefato tecnológico, contudo não identifica a relação entre elas e seus efeitos.	É capaz de identificar nominalmente forças que impulsionam a criação e adoção de um artefato tecnológico e percebe a existência de inter-relações entre elas.	É capaz de identificar as forças que impulsionam a criação e adoção de um artefato tecnológico, suas inter-relações e é capaz de perceber sutilezas nas relações de causa e efeito.

Fonte: DEA. *Materiais para AoL*. Insper, 2016.

Vejamos também um **contraexemplo** de rubrica:

	Nível 4 – Excepcional	Nível 3 – Eficaz	Nível 2 – Aceitável	Nível 1 – Desenvolvimento
Conhecimento/ Compreensão Demonstra compreensão do tópico.	Compreensão minuciosa.	Compreensão considerável.	Compreensão moderada.	Compreensão emergente.
Inquérito/Pensamento Desenvolve e suporta uma ideia ou opinião original sobre o tópico.	Desenvolvimento completo e suporte.	Desenvolvimento e suporte consideráveis.	Desenvolvimento e suporte moderados.	Emergente Sentido de desenvolvimento e apoio.
Comunicação Dirige o público e fala claramente com fluência, estrutura e propósito.	Alto grau de fluência, estrutura e finalidade.	Fluência, estrutura e finalidade consideráveis.	Moderada fluência, estrutura e finalidade.	Fluência emergente e senso de estrutura e finalidade.
Aplicação Exercícios de habilidades retóricas, tais como ênfase, cronometragem, estimulação, raciocínio e questionamento.	Alto grau de habilidade.	Habilidade considerável.	Habilidade moderada.	Habilidade emergente.

> **Atenção!** Para elaborar a rubrica, um ponto de partida pode ser o padrão de respostas. Nele, você pode descrever o que o aluno deve fazer para realizar a atividade, em linhas gerais. Assim, o padrão de respostas indica qual é o nível esperado de execução.

Para as demais escalas de desempenho, será preciso descrever o que deve e o que não deve ter sido realizado pelos estudantes nos resultados não esperados, organizando em uma escala de três a cinco níveis.

> **DICA**
>
> Para organizar uma escala de desempenho de uma rubrica, você pode considerar algumas questões:
> - O que o aluno fez quanto ao que era esperado?
> - O que ele faz no nível básico, quando chega a fazer algo minimamente esperado, embora distante do que era esperado?
> - O que falta quando ele não atinge o básico? Todos os tipos de respostas possíveis, que possamos imaginar *a priori*, vão demonstrar que ele não aprendeu o suficiente, que ele não dominou a habilidade e os conceitos associados de forma minimamente aceitável.

No caso da professora Patrícia, não foi organizada uma escala de desempenho a partir da qual ela pudesse diagnosticar o desempenho de cada de um de seus estudantes, considerando os objetivos de aprendizagem avaliados. É provável que, no processo de correção, ela tenha percebido o que aconteceu, do ponto de vista cognitivo, nos resultados não desejados. No entanto, não houve uma coleta sistemática de evidências, a partir da qual ele pudesse visualizar os desempenhos de seus estudantes, organizando-os em *clusters*. Para cada um deles, seria possível ter um descritivo dos principais erros cometidos, para que *feedbacks* pudessem ser fornecidos aos estudantes e, eventualmente, pudesse ser feita alguma "correção de rota" nas aulas seguintes.

Organizando o processo de avaliação de aprendizagem com uso de rubricas como ferramentas para auxiliar na coleta de evidências,[6] os resultados obtidos passam a ter outro significado. Imaginemos, por um instante, que a prova intermediária do professor Angelo fosse uma prova com oito itens discursivos, alinhados aos objetivos de aprendizagem de sua disciplina, Biologia Celular. Imaginemos ainda que o instrumento tivesse sido acompanhado de uma rubrica para avaliação de desempenho, com o descritivo de cada escala. O quadro de notas obtido por ele poderia ser traduzido conforme a Figura 4.8.

Esse resultado mostra, de forma mais significativa, como foi a aprendizagem na disciplina do professor Angelo. Aqui, ele optou por uma escala em quatro níveis (Incipiente, Em desenvolvimento, Básico e Esperado). Os resultados mostram que parte significativa dos estudantes não aprendeu, de maneira básica, o que era esperado.

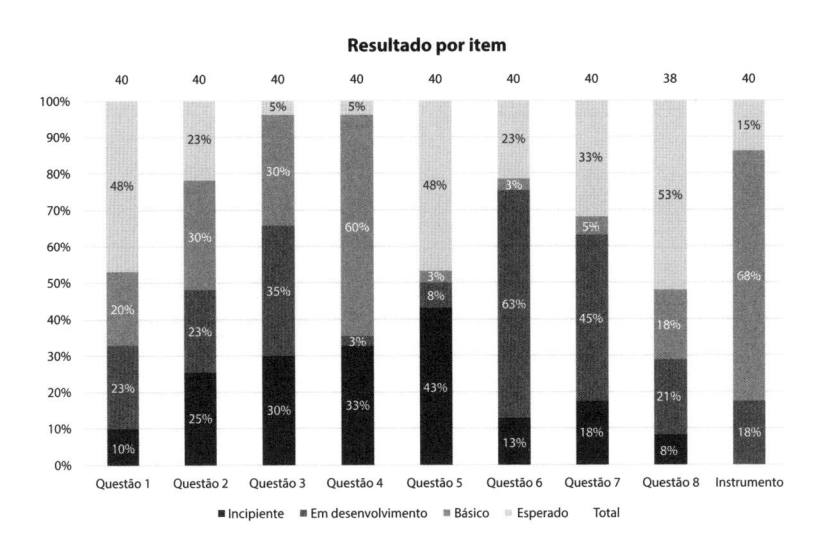

Figura 4.8 Exemplo de desempenho em cada nível da escala.

Fonte: DEA. *Materiais para AoL*. Insper, 2019.

Munido desses resultados e da descrição dos desempenhos em cada nível da escala, o professor Angelo tem a chance de fornecer *feedbacks* mais precisos a seus estudantes, bem como de reorganizar suas próximas aulas, de modo a auxiliar os alunos a superarem os problemas e as dificuldades coletadas por essa avaliação.

Quando estamos com foco na avaliação de aprendizagem, observamos os desempenhos efetivos que os alunos tiveram, avaliando as respostas obtidas a partir de uma escala, para saber onde intervir, como e com quem.

Nessa perspectiva, a avaliação passa a ser vista como um começo, quando se coletam evidências para de fato melhorar o aprendizado dos alunos. Não é um fim em si mesmo, mas, sim, o começo de um processo de intervenção. Nesse olhar, temos como foco diagnosticar, para poder intervir naquilo que não está bom em termos de aprendizagem. E intervir, nesse caso, significa fazer novas atividades que possam ir exatamente nos pontos em que os alunos encontram dificuldades, para melhorar o desempenho.

Pode significar, também, um redesenho de partes da experiência, para quando ela for conduzida com outros grupos de estudantes. Às vezes, aplicar o mesmo desenho pode funcionar em uma turma e não em outra. Mas se os resultados obtidos não são os esperados em turmas diferentes, parece haver uma evidência de que é preciso mudar o desenho da disciplina, no seu todo ou em parte, para que, com outras dinâmicas de aprendizagem, possamos atingir os objetivos propostos. Na Figura 4.9, podemos ver aspectos importantes para a avaliação da aprendizagem.

Figura 4.9 Aspectos importantes para a avaliação da aprendizagem.

Fonte: DEA. *Materiais para AoL*. Insper, 2019.

> **E O ENSINO REMOTO?**
>
> Ao utilizarmos um ambiente virtual de aprendizagem organizado para coleta de evidências confiáveis sobre o aprendizado dos estudantes, mobilizamos um grande esforço inicial. É preciso criar os instrumentos válidos, cadastrá-los na plataforma; criar e cadastrar rubricas para correção das atividades, de modo a coletar evidências do que está acontecendo no processo cognitivo dos estudantes, entre outros esforços.
>
> Um ponto importante dessa estruturação virtual é sua possibilidade de replicação em outros contextos, de forma automática, com os ajustes que se façam necessários com o tempo. Assim, na primeira vez que vamos criar um processo virtual de gestão da aprendizagem de nossos alunos, será exigido um trabalho maior, que, por sua vez, será sensivelmente diminuído nas próximas edições da disciplina. Além disso, o registro das informações de maneira virtual nos permite avaliar os dados no decorrer do tempo, de forma muito mais sistemática.

Sistema de notas

Entendemos por sistema de notas o conjunto de resultados das avaliações dos estudantes, relativas a seus desempenhos nos componentes curriculares do curso. Habitualmente, essas notas são balizadas a partir de uma nota de corte, normalizada em uma escala.

Esse sistema costuma ser usado para registrar a nota que o aluno tira em cada atividade avaliativa e costuma ser organizado de tal modo que, ao final de cada período letivo, é composta uma média. E essa média das notas vai indicar a aprovação ou reprovação do aluno naquele componente curricular. Na Tabela 4.1, temos um exemplo de sistema de notas.

Tabela 4.1 Exemplo de sistemas de notas

Média final	Média	Prova inicial	Prova final	Média participação
7,48	7,475	6,40	7,90	7,95
8,06	8,06	6,50	9,30	8,00
7,32	7,315	4,60	8,90	6,75
0,01	0,0125	...	...	0,10
7,61	7,608	6,95	7,50	8,18
7,52	7,52	6,15	8,10	7,20
6,30	6,295	6,75	4,80	7,15

Fonte: DEA. *Materiais para AoL*. Insper, 2019.

O sistema de notas, frequentemente, acaba sendo um elemento de motivação extrínseca no processo de ensino e aprendizagem. Isso significa dizer que o aluno vai realizar as atividades que lhe são exigidas porque precisa ser aprovado.

Se, como vimos no Capítulo 3, relativo às dinâmicas, fazer algo em troca de alguma utilidade está diretamente relacionado com a motivação extrínseca, é possível verificar o processo avaliativo como um aspecto relevante nesse contexto.

É importante que se diga que não entendemos a motivação extrínseca como um aspecto a ser descartado do processo de ensino e aprendizagem, muito pelo contrário. Um aspecto crítico do sistema de notas é que ele traz pouca informação sobre a aprendizagem em si, sobre como foi o processo, na medida em que essa nota é a soma de erros e acertos sobre os quais normalmente não foi feita uma análise diagnóstica de aprendizagem.

Como vimos, para o processo de aprendizagem é importante entender o que significam esses erros e acertos, o que aconteceu ali. Para poder intervir, o professor precisa entender o que os alunos aprenderam e o que não aprenderam e, mais do que isso, saber analisar o porquê dos erros. Normalmente, o sistema de notas não traz esse tipo de informação associada. A nota vem "pura".

O que significa um aluno obter 6 numa média? E qual é a diferença na aprendizagem de um aluno com essa média e de outro que tirou 7,5? O que sabemos é que esses alunos tiveram diferentes pontuações em avaliações, que resultaram em determinadas médias finais. Mas o que essas notas não respondem é o que os alunos aprenderam ou o que eles deixaram de aprender, em relação ao que se tinha como objetivo de aprendizagem. O sistema de notas não costuma trazer esse tipo de informação.[7]

Identificando as causas, você pode realizar algum procedimento em sala de aula, para melhora do aprendizado. O próprio aluno pode compreender e refletir sobre suas dificuldades. A própria escola, ciente de como está o desempenho de seus estudantes no decorrer dos currículos, passa a ter muito mais elementos objetivos para investigar e intervir, para, eventualmente, redesenhar o currículo, no todo ou em partes, quando necessário.

Tipos de avaliação

Na perspectiva de avaliação adotada nesta obra, baseada em Benjamin Bloom, reforçam-se três dimensões do processo avaliativo:[8]

- **Diagnóstica:** entendida como a coleta de evidências sobre o estágio de aprendizagem em que o estudante está; normalmente aplicada no início do processo de aprendizagem (programa ou disciplina).
- **Formativa:** permite a intervenção nos *gaps* de aprendizagem, para que possam ser superados; normalmente aplicada ao longo do processo de aprendizagem (programa ou disciplina).
- **Somativa:** a partir da qual o processo avaliativo gera insumos para a gestão do planejamento das disciplinas e do currículo como um todo; normalmente aplicada ao final do processo de aprendizagem.

A **avaliação diagnóstica** pode ser entendida como aquela que se centra em compreender em que estágio do desenvolvimento os estudantes estão em relação a algum objetivo de aprendizagem que se pretenda desenvolver. Dessa forma, o desenvolvimento do processo de aprendizado durante determinada disciplina ou curso partiria do ponto efetivo em que os estudantes estão, não de um conhecimento presumido.

A **avaliação formativa**, por sua vez, tem como foco o acompanhamento do processo de aprendizado, para que possam ser feitas intervenções. São as avaliações aplicadas durante uma disciplina ou curso com as quais se pretende acompanhar como está o aprendizado dos estudantes e intervir, por meio de *feedback* e outras ações pedagógicas, para que a aprendizagem seja alcançada.

Nas situações de aprendizagem vistas no decorrer deste capítulo, não foram observadas práticas explícitas de avaliação formativa ou diagnóstica. Por se tratar de contextos hipotéticos, é possível que elementos não tenham sido inseridos nos relatos apresentados. Do que foi exposto, no entanto, não se verificou o uso de evidências de aprendizagem, seja para que os professores tivessem informações sobre os conhecimentos prévios dos estudantes em relação a conceitos e habilidades, ou dados sobre a aprendizagem que permitissem uma intervenção mais precisa, focada em fornecer *feedbacks* a partir de descrição e classificação de desempenhos apresentados pelos estudantes.

Por fim, a **avaliação somativa** pode ser compreendida como aquela que ocorre ao final de um processo de aprendizado e busca trazer insumos para que se possa analisar e rever o planejamento da disciplina ou do curso, com vistas a intervir no percurso de aprendizagem de maneira mais efetiva. Além disso, ela pode indicar se o aluno está pronto para progredir para estágios curriculares mais avançados.

No caso vivido pelo professor Angelo e seus alunos, a avaliação não foi plenamente desenvolvida em nenhuma das três dimensões apontadas: ele tem uma aparente informação sobre o que aconteceu (subentende que os alunos devem ter seus métodos de estudo), mas não há uma ação de sua parte para analisar o que os dados de fato estão comunicando. Nesse sentido, eles não servem para rever o planejamento (avaliação somativa), nem dar *feedback* (avaliação formativa) ou diagnosticar (e esse nem seria o caso, pois não foram feitas avaliações para que o professor tivesse alguma informação sobre o conhecimento prévio dos estudantes).

No caso da professora Patrícia, apesar de ela ter usado um padrão de respostas para a correção de atividades, não temos informações sobre o quanto esse material pode auxiliá-la a compreender os conceitos e as habilidades que seus alunos não dominam. Desse material, poderia ter sido derivada uma rubrica, que ajudaria no processo de detectar os problemas, mas não há informações a respeito. Temos os resultados somativos da avaliação, mas nada sabemos sobre o uso que poderá ser dado a esse insumo, para além de contribuírem no processo de aprovação ou reprovação dos estudantes.

Vamos praticar?

Selecione uma ou mais habilidades do objetivo de aprendizagem de sua disciplina e um instrumento que você utiliza para avaliar o aprendizado dos estudantes. Você vai analisar se o instrumento proposto é válido para avaliar a(s) habilidade(s) selecionada(s) e os conteúdos a ela(s) associados. Para auxiliá-lo nessa reflexão, utilize o esquema da Figura 4.10 e bom trabalho!

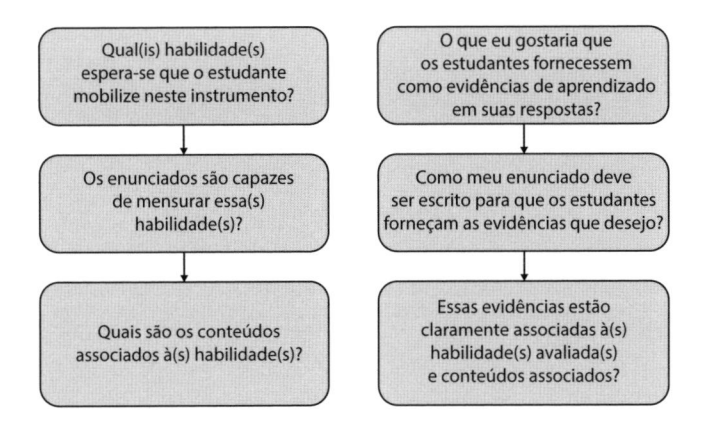

Figura 4.10 Esquema para avaliar o aprendizado dos estudantes.

O QUE VOCÊ APRENDEU NESTE CAPÍTULO?

A proposta de avaliação de aprendizagem apresentada neste capítulo procura dar foco na coleta de evidências e intervenção em resultados indesejados. Com um olhar no formativo, a partir dos resultados, sabemos por que os alunos não estão aprendendo determinados conteúdos e, com base nisso, mudamos as dinâmicas para que o aprendizado possa melhorar. Você também aprendeu sobre avaliação diagnóstica, ponto de partida com base no qual objetivos de aprendizagem e experiências precisam ser propostos e executados, com os ajustes que se façam necessários. A proposta não descarta, ainda, o papel da avaliação somativa, também entendida como sistema de notas, na medida em que os resultados gerados para efeito de aprovação ou reprovação dos estudantes podem ser vistos como insumos importantes para a efetiva gestão da aprendizagem das disciplinas e dos currículos.

Você também realizou uma atividade reflexiva com base em um de seus instrumentos avaliativos, procurando refletir a validade desse instrumento em relação a uma ou mais habilidades que estão sendo avaliadas por meio dele.

Referências

1. AMBROSE, S. A.; BRIDGES, M. W.; DIPIETRO, M.; LOVETT, M. C.; NORMAN, M. K. *How learning works*. San Francisco: John Wiley & Sons, 2010.

2. DEA. *Book de gestão da aprendizagem*. São Paulo: Insper, 2017.

3. NAYLOR, R. *Good feedback practices prompts and guidelines for reviewing and enhancing*. Disponível em: https://www.researchgate.net/publication/266797954_Good_Feedback_Practices_Prompts_and_guidelines_for_reviewing_and_enhancing_feedback_for_students. Acesso em: 22 set. 2020.

4. ANDERSON, T. Bridging the educational research-teaching practice gap. *Biochemistry and Molecular Biology Education*. v. 35, n. 6, p. 471-477, 2007.

5. THE UNIVERSITY OF TEXAS AT AUSTIN. Faculty Innovation Center. *What is a rubric?* Disponível em: https://facultyinnovate.utexas.edu/sites/default/files/build-rubric.pdf . Acesso em: 22 set. 2020.

6. WOLF, K.; STEVENS, E. The role of rubrics in advancing and assessing student learning. *Journal of Effective Teaching*, v. 7, n. 1, p. 3-14, 2007.

7. LUCKESI, C. *Avaliação da aprendizagem escolar*: estudos e proposições. São Paulo: Cortez, 2011.

8. BLOOM, B. *Handbook on formative and summative evaluation of student learning*. New York: McGraw-Hill, 1971.

CAPÍTULO 5

FEEDBACK DA APRENDIZAGEM

Objetivos de aprendizagem

Ao final deste capítulo, você deverá ser capaz de:
- Explicar o que é *feedback* da aprendizagem.
- Reconhecer o *feedback* como uma excelente ferramenta de mediação da aprendizagem.
- Diferenciar *feedback* efetivo do *feedback* inadequado.
- Identificar estratégias de *feedback* da aprendizagem que possam ser aplicadas em diferentes contextos de sala de aula.

Introdução

Devolutiva de prova, correções de exercícios, horários de atendimento ao aluno, orientações de trabalhos acadêmicos são alguns exemplos de momentos em que o professor e o aluno, de forma individualizada ou não, trocam informações sobre o desempenho de aprendizagem. Para aprofundarmos um pouco mais esse tema, convidamos o leitor para analisar os exemplos da Figura 5.1.

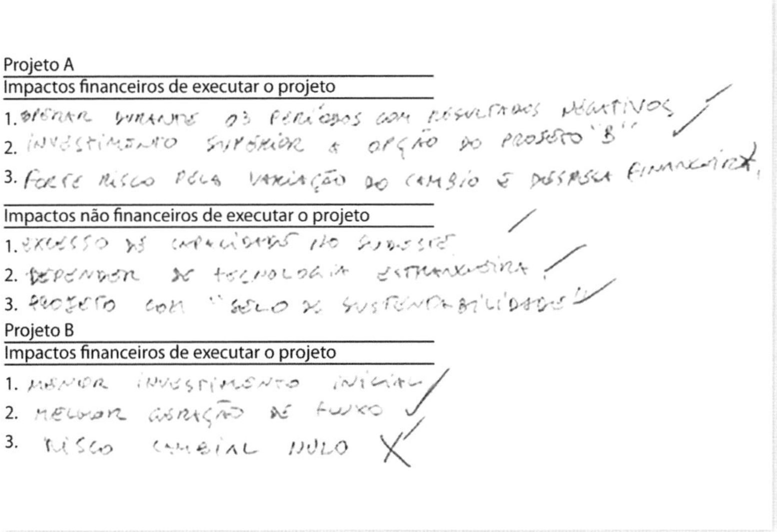
Projeto A

Impactos financeiros de executar o projeto

1. Operar durante os períodos com resultados negativos
2. Investimento superior à opção do projeto "B"
3. Forte risco pela variação do câmbio e despesa financeira

Impactos não financeiros de executar o projeto

1.
2. Dependência de tecnologia estrangeira
3. Projeto com "selo de sustentabilidade"

Projeto B

Impactos financeiros de executar o projeto

1. Menor investimento inicial
2. Melhor geração de fluxo
3. Risco cambial nulo

Figura 5.1 Exemplo 1 – É *feedback* da aprendizagem?

Fonte: Os autores.

O que você acha do Exemplo 1? Trata-se de uma correção de atividade avaliativa sobre impactos financeiros. Nessa atividade, o professor optou por sinalizar os erros do aluno mediante a indicação da letra X nos itens equivocados. Na simples leitura, ao receber o exercício corrigido, o aluno consegue identificar quais itens estão errados. Mas não fica claro o porquê do erro. O que você acha desse tipo de devolutiva? Não raro, esse é um exemplo comum no dia a dia da sala de aula, sobretudo quando temos um número elevado de provas e atividades para corrigir.

Vejamos mais um exemplo, na Figura 5.2.

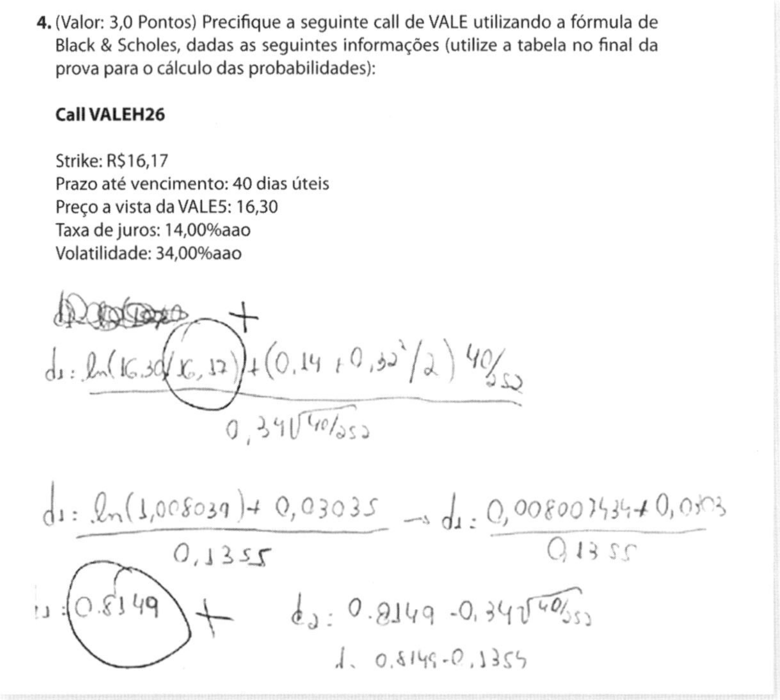

4. (Valor: 3,0 Pontos) Precifique a seguinte call de VALE utilizando a fórmula de Black & Scholes, dadas as seguintes informações (utilize a tabela no final da prova para o cálculo das probabilidades):

Call VALEH26

Strike: R$ 16,17
Prazo até vencimento: 40 dias úteis
Preço a vista da VALE5: 16,30
Taxa de juros: 14,00%aao
Volatilidade: 34,00%aao

$$d_1 = \frac{\ln(16,30/16,17) + (0,14 + 0,32^2/2) \cdot 40/252}{0,34\sqrt{40/252}}$$

$$d_1 = \frac{\ln(1,008039) + 0,03035}{0,1355} \rightarrow d_1 = \frac{0,0080073434 + 0,0303}{0,1355}$$

$$d_1 = 0,8149 \qquad d_2 = 0,8149 - 0,34\sqrt{40/252}$$

$$d_2 = 0,8149 - 0,1355$$

Figura 5.2 Exemplo 2 – É *feedback* da aprendizagem?

Fonte: Os autores.

E o que você achou do Exemplo 2? Conseguiu identificar onde o aluno errou? Consegue, a partir do *feedback*, explicar o porquê do erro do aluno? Nesse segundo exemplo, o professor circulou partes do cálculo do aluno colocando a letra X. Na simples leitura, no lugar do aluno, o que você entende desse tipo de correção?

Esse parece ser mais um exemplo de correção de exercício na qual o professor sinaliza ao aluno que algo não está correto. Esse tipo de sinalização também é bastante comum, sobretudo no final de semestre, quando o professor possui uma grande quantidade de trabalhos e provas para corrigir. Fazer esse tipo de sinalização é uma forma de realizar uma devolutiva rápida, indicando que algo está errado, mas não necessariamente por quê.

E você? Como tem sido as correções das atividades e avaliações que aplica em sala de aula? Vamos ver o que os professores Leila e Roberto fazem nas suas aulas.

Nossa! Vou precisar me organizar muito melhor para o próximo semestre. Estou ficando enlouquecida com a quantidade de trabalhos para corrigir. Nesse semestre, resolvi inovar a minha disciplina, com base no curso que fiz sobre objetivos de aprendizagem e criei diversas atividades avaliativas, para garantir correções recorrentes aos alunos. O problema é que eu não estou conseguindo vencer o volume de trabalhos e os prazos. Chegando agora, no final do semestre, tem muita coisa que deixei passar, muitos trabalhos que nem vi... preciso repensar o modelo!

Leila, professora de Matemática de cursos de Engenharias

Correção em trabalhos? Ah, não. Pra mim, correção é só nas provas e de forma coletiva. Sempre após a prova eu reservo um dia para dar a devolutiva. Vou para a lousa e desenvolvo a prova, questão por questão. Aí os próprios alunos avaliam o porquê das notas que receberam. Em turmas com mais de 50 alunos, é o único jeito. Inviável pensar em qualquer outra forma. Correção individualizada, então, nem pensar!

Roberto, professor de Finanças da pós-graduação

Os professores Leila e Roberto nos apresentam pontos de vista bem interessantes com relação à devolutiva sobre o desempenho do aluno.

A professora Leila nos traz uma experiência interessante quando comenta que criou diversas atividades avaliativas para garantir correções recorrentes aos alunos. Entretanto, não soube dimensionar muito bem o volume de correções que seriam necessárias para fazer em tempo hábil ao final do curso. Já o professor Roberto nos traz um ponto de vista um pouco mais prático: devolutiva de prova, de maneira coletiva, em plenária com todos os alunos.

De uma forma ou de outra, ambos os professores acreditam que dão *feedback* da aprendizagem. Se você se identificou com a professora Leila, este capítulo é para você. Quando falamos de *feedback* da aprendizagem dentro do método PDAF®, entendemos *feedback* como momentos previamente planejados para realização da mediação da aprendizagem. Nesse sentido, a professora Leila, preocupada em dar devolutivas mais recorrentemente, sofreu com o volume de atividades e não conseguiu dar *feedback* como gostaria. Isso demonstra que houve uma falta de planejamento sobre os momentos e como fazer a mediação da aprendizagem. Neste capítulo, vamos trazer essa temática e demonstrar que o *feedback* é uma excelente ferramenta de mediação da aprendizagem e, quando bem planejado, é possível realizá-lo ainda que em contextos de salas de aulas diversas e numerosas.

Agora, se você se identifica com o professor Roberto e acredita que é impossível dar *feedback* da aprendizagem sem onerar exaustivamente o professor, talvez este capítulo também seja para você, ao menos para estimular a reflexão sobre suas práticas pedagógicas e disponibilizar exemplos do que pode ser feito de diferente ou não daquilo que você já pratica. De toda forma, importante destacar que dentro do método PDAF® consideramos o *feedback* como uma ferramenta fundamental e imprescindível para a efetiva aprendizagem do aluno.

Todavia, reconhecemos também que o processo de dar e receber *feedback* não é trivial e demanda, mais do que esforços, um ambiente propício para que essa atitude gere aprendizado.

O que é *feedback* da aprendizagem

No contexto pedagógico, nem sempre se utiliza a expressão *feedback*, sendo mais comumente utilizada a expressão correção ou devolutiva de prova. A palavra *feedback* ressoa aos professores, frequentemente, como a opinião* que os alunos têm sobre a sua aula. Ou seja, *feedback* costuma ser reconhecido como a avaliação que os alunos fazem com relação à aula do professor. Em que pese esse processo possa ser uma excelente ferramenta de aprimoramento contínuo de nossas aulas, o *feedback* da aprendizagem aqui proposto está relacionado com a mediação do professor com relação ao processo de aprendizagem dos alunos.

Assim, compreendemos o *feedback* como qualquer momento de mediação da aprendizagem por parte do professor, em que o foco está na compreensão de algum aspecto do processo de aprendizagem de determinado objetivo que precisa ser mais bem compreendido. Nesses momentos, o docente auxilia os estudantes, individual ou coletivamente, a compreenderem e superarem suas dificuldades durante o processo de aprendizagem.

> **E NO ENSINO REMOTO?**
>
> A sala de aula virtual é também um excelente ambiente para proporcionar o *feedback* da aprendizagem aos seus alunos. Aproveite as aulas síncronas, via videoconferência, para tirar as dúvidas dos alunos e dar *feedback* sobre as atividades propostas.
>
> Aplicou atividades em grupo? Você pode dividir os alunos em BrekoutRooms (aplicativo Zoom) ou em Equipes (aplicativo Microsoft Teams) e coletar nos grupos as principais dúvidas. Depois, reúna todos os alunos em plenária e aproveite para fazer um apanhado das dúvidas, comentando os principais erros e acertos mais comuns de todos os grupos. Além de mediar a aprendizagem, a dinâmica da sua aula ficará muito mais interessante, proporcionando maior interação e engajamento.

Não consideramos que tenha ocorrido *feedback* da aprendizagem nos exemplos demonstrados no início do capítulo. Se você não é capaz de explicar o porquê dos erros nas Figuras 5.1 e 5.2 citadas acima, coloque-se no lugar do aluno. Como o aluno consegue compreender e aprender a partir do seu próprio erro? A simples sinalização de certo ou errado é importante, mas não auxilia o aluno na compreensão do porquê do erro, nem a corrigir rotas que poderiam facilitar o seu processo de aprendizagem.

Dentro do método PDAF®, o *feedback* da aprendizagem se torna um elemento central na avaliação formativa – que vimos no Capítulo 4 –, dado que, na sua essência, visa produzir *feedback* sobre o desempenho do aluno para melhorar e potencializar o processo de aprendizagem. O principal propósito do *feedback* é proporcionar ao aluno informação específica sobre aquilo que foi compreendido e o que se pretende que seja compreendido, auxiliando-o a atingir o resultado de seu aprendizado.[1]

---

* Conforme identificado em um trabalho de *design think* da profa. Massi e equipe, chamado *Interação 121*. Fora realizado o trabalho para mapeamento junto ao corpo docente sobre suas expectativas com relação aos processos de ensino e aprendizagem, o que gerou diversos relatórios e indicadores. No seguinte documento é possível consultar dados sobre a interação: MASSI, J. M. O PROCESSO DE APRENDIZAGEM DOCENTE: UMA NOVA ABORDAGEM PARA A FORMAÇÃO DE PROFESSORES DE CURSOS DE ADMINISTRAÇÃO. In: *Anais* do 29 Congresso do Enangrad: Gestão da Aprendizagem, 2018.

Um *feedback* eficaz fornece informações sobre o estado atual de conhecimento e desempenho de um aluno, o que pode orientá-lo no trabalho em direção ao objetivo de aprendizagem. Em outras palavras, um *feedback* eficaz pode dizer aos alunos o que eles estão ou não estão entendendo, onde seu desempenho está indo bem ou mal e em que direção eles devem orientar seus esforços subsequentes. Mas é necessário organização e planejamento por parte do professor, para que ele não acabe numa situação como a descrita pela professora Leila.

É fundamental planejar a quantidade e o momento ideal, para que o *feedback* seja ainda mais efetivo para o processo de aprendizagem. Cumpre ressaltar ainda que a devolutiva em plenária realizada pelo professor Roberto é também uma forma de dar *feedback* da aprendizagem. Entretanto, quando é aplicada de maneira isolada ao longo de todo o processo de aprendizagem, não sendo combinada com outras oportunidades de *feedback* durante a experiência de aprendizagem, pode não ser tão efetiva para que os alunos realmente atinjam o que se espera em termos de objetivos de aprendizagem.

Por que o *feedback* é uma excelente ferramenta de aprendizagem?

Ao longo de todo este livro, estamos sempre analisando histórias de professores e discutindo temas típicos da atividade docente. Agora, vamos inverter o papel rapidamente e relembrar o tempo em que você era o aluno. Consegue lembrar-se da sua época como aluno? Ou mesmo atualmente, em algum curso específico ou numa formação que você esteja realizando neste momento, reflita: quando você tem dúvidas ou verifica que errou determinada atividade ou exercício, como é a atuação do seu professor? A devolutiva da atividade te auxilia a aprender melhor e mais rápido?

O ponto para o qual queremos chamar a atenção aqui é que, dentro de um processo de aprendizagem, é a partir do *feedback* que o aluno consegue saber onde ele se encontra e como evoluir. Ou seja, é a partir do *feedback* sobre a sua aprendizagem que o aluno é capaz de compreender seus equívocos e concentrar seus esforços em outros caminhos mais alinhados ao que se espera em termos de desenvolvimento de habilidades. O *feedback*, portanto, dentro do método do PDAF®, fecha o pequeno ciclo do que nós chamamos de desenho de experiência de aprendizagem.

Cumpre ressaltar que essa divisão do PDAF® é meramente didática para facilitar a compreensão dos conceitos dentro do método. Portanto, o *feedback* (F), embora seja a última letra, não necessariamente é a última coisa que o professor precisa fazer com o aluno. Pelo contrário, é preciso prever e realizar *feedbacks* da aprendizagem diversas vezes ao longo de toda a experiência do aluno, pois somente assim é possível garantir a efetividade da aprendizagem. Por isso, o *feedback* é uma excelente e fundamental ferramenta de aprendizagem.

Tal como vimos nos capítulos anteriores sobre o alinhamento aos objetivos de aprendizagem, aqui não será diferente. Afinal, os objetivos de aprendizagem devem nortear toda a experiência de aprendizagem. Nesse sentido também, quando falamos sobre o *feedback* da aprendizagem, ele só ocorrerá se, de fato, os objetivos de aprendizagem do curso ou disciplina estiverem claros e mensuráveis. Se o professor e o aluno têm clareza de qual a meta esperada e têm evidências desse desempenho. E, para o aluno ter clareza do quanto ele está distante da meta, o professor precisa dar *feedback*.

Quando um aluno recebe *feedback*, ele passa a compreender o quanto está distante de um objetivo, ao mesmo tempo que compreende o equívoco e, a partir deste ponto, consegue buscar novos caminhos para o desenvolvimento de determinada habilidade. Por isso o *feedback* é uma importante ferramenta para a aprendizagem. E o planejamento de como e quando ele será feito é também fundamental para a qualidade da experiência de aprendizagem, pois é a partir dele que o aluno recebe os estímulos para progredir.

Sem *feedback*, o processo de aprendizagem passa a ser muito mais doloroso e difícil. Se o aluno não tem como contrapartida a mediação do professor dizendo o porquê do erro ou qual o caminho, ele levará mais tempo para descobrir sozinho ou poderá abandonar o percurso. Muitas vezes, em cursos em que os alunos não têm *feedback* da aprendizagem, há um grande risco de serem cursos centrados em memorização de curto prazo de conceitos e fórmulas. A ausência de *feedback* promove o típico comportamento em que os alunos só estudam para as provas.

O *feedback* é, portanto, uma ferramenta fundamental para que a aprendizagem ocorra, porque a partir dele o professor consegue indicar ao aluno qual o desempenho esperado, o quanto ele está distante do desempenho, onde ele errou e o que poderia fazer para melhorar.

Existe uma crença recorrente na cabeça de muitos professores que ministram cursos com um volume muito alto de alunos de que é impossível dar *feedback* para 50 ou mesmo 100 estudantes de uma única turma. De fato, escalar o *feedback* da aprendizagem é um desafio. Entretanto, chamamos a atenção aqui para o processo de aprendizagem dos alunos. Ou seja, o esforço de *feedback* deve estar no percentual de alunos que estão abaixo do desempenho esperado com relação aos objetivos de aprendizagem. É no aluno com mau desempenho que deve estar o foco do *feedback* da aprendizagem e não necessariamente na turma como um todo.

Por outro lado, se a maior parte dos alunos de uma turma está abaixo do esperado em termos de metas de aprendizagem, é importante o professor refletir se não existe um problema no desenho da experiência de aprendizagem, seja em termos de dinâmicas pouco efetivas, *feedbacks* intempestivos ou mesmo objetivos de aprendizagem inalcançáveis diante do tempo ou desenho do curso. Veremos mais sobre essas situações em breve, ao longo deste capítulo.

Características de um bom *feedback*

Como vimos, o processo de dar e receber *feedback* não é trivial e no contexto pedagógico demanda esforço e atenção do professor com relação à mediação da aprendizagem, que, dependendo de como for feita, pode auxiliar o processo de aprendizagem dos alunos, ou não. Para compreendermos mais sobre este tema, vamos ler a história do professor Jonas:

> *Olha, eu não sei mais o que fazer na turma B de Ciências Sociais Aplicadas. Tenho um aluno que nunca aparece nas aulas e quando aparece não para de conversar. Essa semana, em uma das poucas aulas que ele resolveu aparecer, eu joguei uma pergunta para a turma e ele resolveu responder. E, claro, respondeu errado. Eu aproveitei o momento para deixar claro que ele nunca está na aula e por isso respondeu errado. Se prestasse atenção e levasse o curso a sério, não estaria respondendo aquilo.*
>
> **Jonas**, professor do Curso de Gestão Ambiental

Por quantas vezes você já teve a atitude do professor Jonas? É muito comum, na atividade docente, encontrarmos diferentes tipos de alunos e, principalmente, aqueles que pouco aparecem em nossas aulas. Isso costuma ser frustrante sobretudo para aquele professor que realmente se preocupa com a aprendizagem e sabe que a ausência em sala de aula só tornará a compreensão dos conceitos ainda mais difíceis. Em seu relato, o professor Jonas deixou claro seu incômodo com relação ao comportamento do aluno, concluindo que, por causa de suas ausências, o aluno teria errado a resposta. Mas será que dar esse tipo de *feedback* quando um aluno menos engajado erra uma resposta é uma boa estratégia, sobretudo para a aprendizagem?

Sob a ótica aqui proposta, a atitude não é *feedback* da aprendizagem. É um *feedback* comportamental dado num contexto de aprendizagem que pode, inclusive, ser contra o processo de aprendizagem do aluno em questão. Para considerarmos como *feedback* da aprendizagem, numa situação como essa, em vez de dizer que o aluno errou por não estar em aula, o professor Jonas deveria focar no erro do estudante em termos de objetivos de aprendizagem. Ou seja, em termos de aprendizagem, e não de comportamento.

Se considerarmos, inclusive, os fatores importantes para a motivação, como vimos no Capítulo 3, o professor perdeu uma excelente oportunidade de motivar o aluno para suas aulas. Num momento único como este, relatado pelo professor Jonas, em que pela primeira vez o aluno demonstra interesse no conteúdo da disciplina, se o professor der um *feedback* do tipo "você errou porque você nunca vem à aula", ele perde o aluno para sempre. O professor deve focar o *feedback* numa ação relacionada com a habilidade esperada.

Como professor, é importante sempre entender o porquê do erro, deixar isso claro para o aluno e esquecer a questão comportamental. O *feedback* comportamental pode existir? Sim, mas não numa situação que envolve uma ação relacionada com os objetivos de aprendizagem. Dar *feedback* da aprendizagem significa dizer o quanto o aluno está distante, ou não, de atingir o objetivo de aprendizagem esperado. Sempre é importante o professor deixar claro para o aluno o quanto ele está distante ou o quanto ele está próximo de atingir a meta de aprendizagem. Isso não quer dizer que o professor Jonas não deveria ter dado um *feedback* sobre a ausência do aluno em várias aulas, mas poderia fazer isso depois, em outro contexto, e não justamente quando a dúvida está relacionada com um objetivo de aprendizagem. Podemos concluir, portanto, que o *feedback* dado pelo professor Jonas foi inadequado no contexto de aprendizagem.

O Quadro 5.1 resume bem e compara as características de um *feedback* efetivo com o *feedback* inadequado.

Quadro 5.1 Características de um *feedback* efetivo × *feedback* inadequado

Feedback efetivo	*Feedback* inadequado
É regular.	É ocasional.
É bidirecional.	É unidirecional.
Enfatiza pontos positivos e negativos.	Enfatiza somente pontos negativos.
Desperta autorreflexão.	Não gera autorreflexão.

[CONTINUA]

[CONTINUAÇÃO]

Feedback efetivo	Feedback inadequado
Auxilia a melhorar o desempenho.	Faz críticas com relação ao desempenho.
Gera motivação para aprender.	Há ausência de motivação.
É parte do processo de aprendizagem.	Não agrega valor ao aprendizado.
Faz conexão entre o aprendizado e a realidade.	É desconectado da realidade/prática diária.
Aperfeiçoa as habilidades de ensinar e aprender.	Mantém preconceitos.
Tem foco no comportamento observado.	Foca na personalidade.
Faz observação e comentários específicos.	Faz observação e comentários não específicos.

Fonte: BORGES, M. C; MIRANDA, C. H; SANTANA, R. C; BOLLELA, V. R. Avaliação formativa e aprendizado na saúde. In: SIMPÓSIO TÓPICOS FUNDAMENTAIS PARA A FORMAÇÃO E O DESENVOLVIMENTO DOCENTE PARA PROFESSORES DOS CURSOS DA ÁREA DE SAÚDE. Capítulo XI. Medicina, Ribeirão Preto, v. 47, n. 3, p. 324-331, 2014.

Como demonstrado no Quadro 5.1, vários são os pontos que diferenciam um *feedback* efetivo daquele que é inadequado. Dentre eles, podemos destacar a atitude do professor Jonas novamente. Isto é, devemos sempre ter em mente que os objetivos de aprendizagem são os grandes norteadores da experiência de aprendizagem, inclusive no que diz respeito ao *feedback*. Portanto, quando se trata de aprendizagem, devemos manter o foco no comportamento observado com relação a quão distante o aluno está do desenvolvimento da habilidade, e não focar na personalidade do aluno ou em atitudes comportamentais que não têm a ver com a meta de aprendizagem. Por isso, seria mais efetivo se o professor Jonas tivesse dado *feedback* a respeito da trajetória de raciocínio do aluno com relação ao quanto está perto ou longe do que se espera em termos de objetivos de aprendizagem. Essa estratégia, inclusive, auxiliaria também a promover a motivação do aluno, como vimos no Capítulo 3, mediante a construção de uma relação positiva entre professor e aluno, facilitando a mediação da aprendizagem. Talvez, isso auxiliaria o aluno em seu engajamento e, consequentemente, em maior acompanhamento das aulas.

Dos pontos indicados no Quadro 5.1, podemos destacar também a importância da tempestividade do *feedback*. O chamado *feedback* ocasional, comumente reconhecido como aquele que é dado tão somente em provas, por exemplo, pode ser considerado um *feedback* inadequado, pois o aluno não tem tempo hábil para o desenvolvimento da habilidade ao longo do curso. Isso é claramente comum no *feedback* dado em provas parciais e finais focadas na medição de retenção de conteúdos bimestrais. Ora, quando o professor divide o conteúdo de um semestre, por exemplo, em duas partes e faz duas avaliações a respeito desse conteúdo (uma na metade do curso e outra ao final), sem dar novas oportunidades para o desenvolvimento da habilidade do aluno, podemos considerar que o *feedback* é intempestivo ou ocasional. Justamente porque o aluno não tem oportunidade de aprender com o erro e tentar desenvolver a habilidade em outras oportunidades ao longo do curso. O oposto disso também deve ser considerado como um ponto de atenção. Vamos relembrar o exemplo da professora Leila no início deste capítulo?

A professora Leila, num esforço de dar *feedbacks* recorrentes a sua turma, aplicou uma grande quantidade de atividades e não foi capaz de corrigir tudo. A tempestividade do *feedback* também deve ser considerada aqui. Ao planejar suas aulas, considere realizar atividades em uma quantidade ideal para que você, como professor, tenha condições de oferecer *feedback* em diferentes momentos do curso, garantindo aos alunos tempo para reflexão e incorporação das necessidades para atingir o desenvolvimento esperado das habilidades.

Outro ponto que merece destaque é lembrarmos que o *feedback* efetivo deve destacar pontos positivos e pontos negativos. Geralmente, há a tendência de, ao dar *feedback*, somente pontuar aquilo que está equivocado, quando, na verdade, sobretudo num contexto de aprendizagem, é importante destacar também aquilo que está correto. Isso ajuda a gerar senso de competência no aluno – como vimos no Capítulo 3 –, uma vez que ele começa a perceber que é capaz de aprender.

E O ENSINO REMOTO?

Considere todas as características de um *feedback* efetivo aqui propostas como também fundamentais ao ensino remoto. Inclusive, considere essas características como fundamentais para a humanização do ensino quando mediado por tecnologia. Muitas pessoas acreditam que o uso excessivo da tecnologia afasta o lado mais humano, inclusive nos processos de aprendizagem. Para evitar esse tipo de sensação, a frequência, a tempestividade, a clareza e a objetividade do *feedback* são imprescindíveis para tornar a sala de aula virtual mais interessante ao aluno.

Sua presença *on-line*, quando garantida por meio de *feedbacks* da aprendizagem recorrentes, demonstra aos alunos sua efetiva preocupação com a aprendizagem e, consequentemente, os aproxima dentro da relação humana de ensino e aprendizagem.

Vejamos mais uma interessante história.

> *O professor Thiago terminou recentemente o seu doutorado e vem atuando nas aulas de Microeconomia de cursos de graduação em Administração e Economia para alunos do primeiro ano. Na universidade onde atua, existe uma Comunidade de Boas Práticas Didáticas formada por professores que se dedicam ao ensino e gostam de compartilhar suas experiências em sala de aula. Em um dos encontros, Thiago contou qual tem sido sua maior dificuldade com alunos do primeiro ano:*
>
> *"Tem sido um sacrifício ensinar microeconomia para alunos tão jovens. Eles são muito imaturos ainda e não estudam. E a minha disciplina não é fácil, é muito abstrata e exige deles uma dedicação de estudo muito maior do que eles estavam acostumados no Ensino Médio. Eles estão sempre com conversas paralelas, e a maioria não presta atenção nas minhas aulas. Fico frustrado e acho um absurdo. Não sei se é um fator geracional. Na minha época, quando eu era aluno, nem questionava nada. Simplesmente estudava e me dedicava às aulas. Não sei mais o que fazer."*
>
> *Preocupado com a frustração do Thiago, um dos seus colegas, o professor Matias, da disciplina de Cálculo, se ofereceu para assistir a algumas aulas e dar* feedback *sobre a didática para tentar auxiliá-lo. Após a realização da observação de aula, durante o* feedback*, o professor Matias destacou algumas percepções pontuais que acredita poderem auxiliar o engajamento dos alunos.*
>
> *"Olha Thiago, a sua aula de maneira geral é muito boa. Mas acho que o ponto crítico para o que está acontecendo em termos de engajamento e aprendizado da turma tem menos a ver com eles não quererem estudar e mais a ver com o quanto você torna a sua disciplina interessante e palpável*

para este aluno recém-ingressante. Você constantemente assumiu nas suas aulas que a disciplina é abstrata e nada fez para conectar o que ensina com a vida real do aluno. Isso ficou claro quando você fez a resolução de uma teoria econômica na lousa e um aluno que havia errado a questão te fez uma pergunta sobre o porquê do erro e se você poderia dar exemplos mais aplicados sobre a teoria: – Professor, mas o que eu errei exatamente?! Eu não entendi. Pode me dizer onde isso é aplicável de fato? E você devolveu ao aluno: – Não tenho um exemplo onde isso possa ser aplicável. Decore a fórmula porque isso aqui só é importante nessa fase do curso. No futuro, você nem deve mais usar isso aqui.

Neste momento, me ocorreu que você não dá um feedback *efetivo, conectando o aprendizado com a realidade do aluno. Minha sugestão é que você reflita sobre isso e pense em usar situações-problemas, cases ou outros tipos de alternativas para evitar um pouco mais a abstração, demonstrando no que a sua disciplina tem relevância".

A narrativa entre os professores Thiago e Matias nos demonstra mais um exemplo de oportunidades de *feedback* que podem auxiliar ou não o processo de aprendizagem do aluno. A fala do professor Matias revela uma reflexão interessante com relação a conectar o aprendizado com a realidade. Frequentemente, nos esquecemos da condição em que o aluno se encontra, desde o seu conhecimento prévio até o quanto ele tem de experiência profissional. É fundamental considerar isso para efetividade do *feedback*: em geral, o que tentamos traduzir é muito abstrato e distante da realidade do nosso aluno.

Ainda na situação proposta, na simples narrativa do professor Matias sobre a aula do professor Thiago, podemos inferir outros pontos que demonstram o quanto seu *feedback* foi inadequado.

Não gerou qualquer autorreflexão, mesmo num contexto em que o aluno demonstrou interesse em aprender. Pelo contrário, incentivou-o a decorar a fórmula, não agregando qualquer valor ao aprendizado.

E o que seria, de fato, um *feedback* efetivo para aprendizagem? Vamos ver um exemplo de numa atividade avaliativa de estudo de caso. Nessa atividade, os alunos devem responder a uma questão como se fossem os tomadores de decisão da empresa apresentada no caso. Vejamos o objetivo de aprendizagem e o enunciado:

Habilidade em foco: Analisar as necessidades de informação do negócio associando-as ao processo de seleção de tecnologias.

Questão dada aos alunos:
Sendo você o principal tomador de decisão da empresa sobre este projeto de atualização tecnológica, pergunta-se:
Considerando o contexto específico da Petrus Empresarial apresentado neste caso, você conclui que a substituição dos atuais sistemas (Sis e Delta) por um sistema integrado único seria uma boa alternativa para essa empresa? Por quê?

Agora, imagine que você é o professor que aplicou o caso para verificar se os seus alunos atingiram o desempenho esperado na habilidade específica de **analisar as necessidades de informação do negócio associando-as ao processo de seleção de tecnologias**. Para que o seu *feedback* seja efetivo, como você faria? E se você tivesse 60 alunos? Ou 100 alunos? Como fazer para que o *feedback* seja efetivo para aprendizagem com um número pequeno ou elevado de alunos numa mesma sala?

No Capítulo 4, ao falarmos de avaliação da aprendizagem, destacamos o uso das rubricas. A rubrica é uma ferramenta de correção que explicitamente apresenta as expectativas de desempenho para uma dada atividade. Uma rubrica divide uma atividade em critérios e, para cada um deles, fornece descrições claras das características dos diferentes níveis de qualidade (incipiente, em desenvolvimento, básico e avançado, por exemplo). Para corrigir e fornecer *feedback* no caso em questão, você poderia desenvolver uma rubrica, como no Quadro 5.2.

Quadro 5.2 Exemplo de rubrica para corrigir e fornecer *feedback*

Analisar as necessidades de informação do negócio associando-as ao processo de seleção de tecnologias.			
(1) Incipiente	**(2) Em desenvolvimento**	**(3) Básico**	**(4) Esperado**
Comete erros muito graves e inaceitáveis.	**Falha nos conceitos fundamentais.**	**Demonstra ter domínio do conteúdo básico, porém não tem a proficiência esperada.**	**Demonstra ter domínio do conteúdo esperado. É proficiente.**
Pergunta 1			
O aluno recomenda a substituição dos atuais sistemas, com base em lugares comuns da tecnologia ("empresa pode ficar obsoleta", "pode ficar defasado em relação à concorrência", "não se deve copiar a tecnologia dos líderes para buscar diferenciação" etc.). O aluno recomenda a substituição dos atuais sistemas, por meio de justificativas que seriam adequadas para outro caso (por exemplo, fala em integrar sistemas da empresa em crescimento).	O aluno afirma que a opção "depende" ou "não há elementos para decidir", demonstrando que começa a entender o caso, mas ainda não consegue compreender que não há problema de necessidade de informação posto. Nesses casos, o aluno não toma uma decisão.	O aluno não recomenda a substituição dos atuais sistemas, mas suas justificativas não abordam a questão da necessidade de informação (por exemplo, afirma que não faria a troca porque seria caro).	O aluno não recomenda a substituição dos atuais sistemas, pois entende que não há a necessidade da informação que o sistema novo proporcionaria.

Com a rubrica em mãos, os alunos podem se autoavaliar, identificando se erraram a questão ou não, bem como o quão distantes do desenvolvimento da habilidade esperada eles estão. Ou seja, independentemente do número de alunos (10 ou 100), na simples leitura da rubrica, o aluno tem condições de compreender o seu desempenho.

Além disso, a rubrica é também uma excelente ferramenta de correção. Utilizando-a para analisar cada uma das respostas dos alunos, é possível criar uma planilha simples que facilita o gerenciamento da aprendizagem da turma. Veja o exemplo no Quadro 5.3.

Quadro 5.3 Planilha simples com o número de alunos por nível de desenvolvimento da questão

Níveis de desenvolvimento	A01	A02	A03	A04	A05	A06	A07	A08	A09	A10
1 – O aluno recomenda a substituição dos atuais sistemas, com base em lugares-comuns da tecnologia ("empresa pode ficar obsoleta", "pode ficar defasada em relação à concorrência", "não se deve copiar a tecnologia dos líderes para buscar diferenciação" etc.). O aluno recomenda a substituição dos atuais sistemas, por meio de justificativas que seriam adequadas para outros casos (por exemplo, fala em integrar sistemas da empresa em crescimento).	1	1	1			1			1	
2 – O aluno afirma que a opção "depende" ou "não há elementos para decidir", demonstrando que começa a entender o caso, mas ainda não consegue compreender que não há problema de necessidade de informação posto.					1					
3 – O aluno não recomenda substituição dos atuais sistemas, mas suas justificativas não abordam a questão da necessidade de informação (por exemplo, afirma que não faria a troca porque seria caro).							1		1	1
4 – O aluno não recomenda a troca dos atuais sistemas, pois entende que não há necessidade da informação que o novo sistema proporcionaria.								1		

Fonte: Os autores.

Com o Quadro 5.3, é possível calcular os percentuais de alunos em cada um dos níveis de desenvolvimento com relação ao caso aplicado em sala. Isso auxilia o professor na gestão da aprendizagem da turma, verificando o percentual de acertos da sala e na tomada de decisão quanto à evolução das próximas aulas.

Tabela 5.1 Percentual de alunos por nível de desenvolvimento

	Total
Incipiente	50%
Em desenvolvimento	10%
Básico	30%
Esperado	10%

Fonte: Os autores.

Distribuição dos alunos nos diferentes níveis

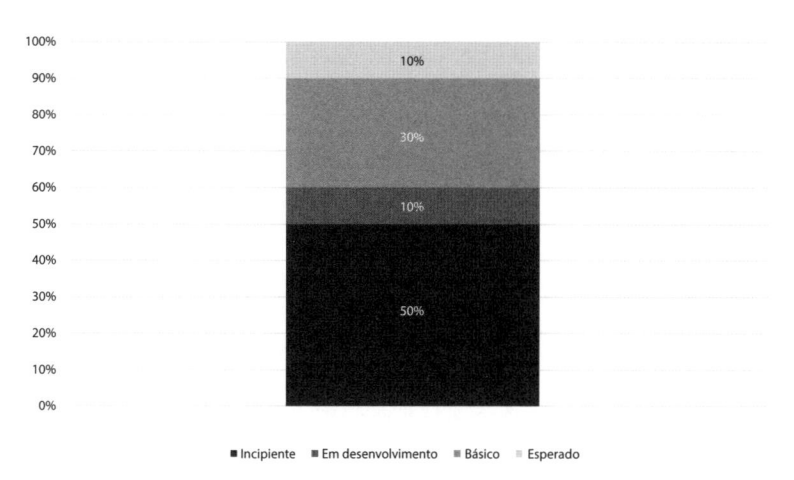

Figura 5.3 Percentual de alunos por nível de desenvolvimento.

Fonte: Os autores.

Observe que a visualização do percentual de desenvolvimento de alunos com relação à habilidade específica facilita muito o trabalho do professor para as suas aulas subsequentes à aplicação do caso. Com base nos dados coletados, podemos identificar que 50% dos alunos estão incipientes e somente 10% atingiram o nível esperado. Esse tipo de informação é muito útil para aprimoramento da experiência de aprendizagem ao longo do curso. Por isso, a rubrica, além de uma excelente ferramenta de *feedback*, permitindo a sua escala para um número maior de alunos, é também uma excelente ferramenta de correção que permite a análise do desempenho de aprendizagem de toda a turma.

Outro ponto importante que merece destaque com relação à utilização de rubrica é que, quando bem formulada, ela serve como guia de correção para outros professores. Ou seja, facilita muito a correção entre professores que dividem uma mesma disciplina, pois evita discrepâncias entre uma correção e outra.

Voltando ao processo de *feedback* da aprendizagem, vimos até o momento como a rubrica pode ser um excelente recurso. Mas há outras alternativas para a efetividade do *feedback*, inclusive em escala. Outra opção é elaborar um padrão de resposta esperado.

Para criar um padrão de resposta sobre um caso, é necessário fazê-lo de forma bem estruturada, apontando diferentes alternativas que demonstram o porquê de a empresa tomar uma decisão ou não de acordo com o contexto do caso e trazendo a descrição das variáveis possíveis a serem consideradas pelo aluno na elaboração da sua decisão. Esse tipo de resposta, atrelado a uma rubrica, é uma excelente estratégia de *feedback* para um grande número de alunos. Após a aplicação de um *case*, distribua o padrão de resposta com a rubrica para todos os seus alunos, de maneira impressa ou mesmo via LMS (*learning management system*) ou *e-mail*. Você não precisará escrever *feedbacks* individuais utilizando esses recursos. Eles são, por si sós, excelentes ferramentas de *feedback* que garantem uma aprendizagem mais efetiva, pois são bem alinhados aos objetivos de aprendizagem propostos, conectam o conteúdo a uma realidade prática e, dada a facilidade de uso, acabam por serem tempestivos (só dependem de você disponibilizá-los logo após a realização do exercício). E, ainda, são aplicáveis a diferentes tamanhos de turma.

É possível ainda que, após a utilização desses recursos, e analisando os percentuais de desempenho, o professor convide a turma para, em plenária, discutir os erros ou dúvidas mais comuns entre os alunos. A seguir, vamos ver mais alguns exemplos de estratégias de *feedback* efetivo que contribuem para o processo de aprendizagem dos alunos.

> **E O ENSINO REMOTO?**
>
> O ambiente remoto é a melhor alternativa para escalar o *feedback* da aprendizagem, ou seja, de dar *feedback* para um número elevado de alunos.
>
> Disponibilize a rubrica para os alunos via plataforma LMS e construa dinâmicas de *feedback* entre pares. Peça para os alunos se reunirem em pequenos grupos ou duplas durante suas videoconferências e, a partir da rubrica, façam avaliação em pares. Depois, peça para que comentem os resultados em plenária. A partir de suas contribuições, aproveite para dar o *feedback* aos grupos, direcionando-os na rota de aprendizagem.
>
> É possível também coletar as principais dúvidas ou os erros mais comuns e gravar um vídeo de *feedback*, tirando as dúvidas e disponibilizando aos alunos para consulta.

Estratégias para um *feedback* da aprendizagem efetivo

Como vimos desde o início do capítulo, inclusive com o exemplo do professor Roberto, muitos professores acreditam que dar *feedback* está relacionado com a devolutiva da prova. Depois de aplicar uma prova ou trabalho, o professor leva o material para casa e corrige os exercícios avaliativos, inserindo alguns "sinais" de positivo ou negativo que indicam o que está certo ou errado, como vimos no Exemplo 1 (Figura 5.1). Esperamos que ao chegar até aqui você já tenha percebido que é possível aprimorar esse processo de correção para além dessa simples sinalização entre certo e errado e esteja curioso para saber mais sobre como melhorar e realizar *feedbacks* mais efetivos para aprendizagem dos alunos. Também esperamos que você já não compreenda esse tipo de correção como *feedback* da aprendizagem, e sim somente como uma "sinalização" do que está certo ou errado, não deixando claro o porquê de um ou de outro.

Se você compreendeu o que é *feedback* da aprendizagem e está curioso para saber mais, leia as próximas histórias com exemplos de estratégias de *feedback* que você pode adotar em diferentes situações em suas aulas.

Dou aulas de Produção e Edição de Vídeos na pós-graduação em Jornalismo e acredito que fortes habilidades de comunicação são imprescindíveis para esta área de atuação profissional. Entretanto, nos últimos semestres tenho percebido que os alunos de jornalismo estão fracos nesses quesitos. Para colocá-los em ação no desenvolvimento dessas habilidades de comunicação, tenho solicitado trabalhos escritos frequentemente. Peço que elaborem trabalhos com diferentes tipos de redação: um briefing político, um memorando persuasivo para o chefe e um editorial para um jornal. Minha expectativa com esses trabalhos era que a redação dos alunos nessas atividades fosse razoavelmente boa, porque esses alunos já são graduados na área, portanto passaram por disciplinas de redação. Além disso, criei os trabalhos como atividade de treinamento dessas habilidades. Mas tenho sido negativamente surpreendida. Então, quando vi os sérios problemas nos primeiros trabalhos recebidos, pensei que pelo menos poderia ajudá-los a melhorar. Tenho gastado muito tempo dando notas e escrevendo comentários ao longo das redações deles, mas isso não parece estar indo bem: a segunda e a terceira tarefas foram tão ruins quanto a primeira. Por mais que eu ache que essas tarefas são úteis, porque preparam os alunos para suas futuras vidas profissionais, estou pronta para reprová-los, porque a escrita dos alunos é muito ruim, e meus esforços estão trazendo pouca ou nenhuma melhoria.

Norma, professora de Produção e Edição de Vídeos no curso de Jornalismo

A professora Norma trouxe uma situação-problema bastante comum na atuação docente e que é altamente demandante do ponto de vista de realização de *feedbacks* da aprendizagem. Correção de trabalhos escritos costuma exigir uma correção individualizada, com comentários específicos e que muitas vezes são pouco efetivos, como vem acontecendo com a turma da Norma. Se você aplica trabalhos escritos ou apresentações como atividades no seu curso ou disciplina, saiba que geralmente é mais eficaz compartilhar com a turma as amostras dos equívocos mais comuns, destacando os pontos de atenção para melhoria e para evitar os mesmos erros. Quando recebeu os primeiros trabalhos, teria sido mais efetivo se a professora Norma fizesse exatamente isto: coletasse os erros mais comuns e fosse discutir os seus pontos de atenção em plenária.

Essas amostras podem também ser usadas para fornecer exemplos de qualidade esperada, básica e abaixo da básica nas atividades e isso também pode ser feito de forma coletiva. Para envolver mais os estudantes e verificar sua compreensão, também é possível pedir a eles que avaliem as amostras orientados pelas rubricas de correção, conforme vimos no tópico anterior, no caso da Empresa Petrus.

Em muitas turmas, os estudantes geralmente compartilham erros ou equívocos que só são revelados quando você procura padrões. Por exemplo, o professor pode identificar uma pergunta da avaliação que muitos deixaram em branco ou uma atividade que foi particularmente difícil para muitos. Também é muito comum que durante algumas aulas vários estudantes estejam fazendo o mesmo tipo de pergunta ou cometendo o mesmo tipo de erro. Enquanto corrige atividades e avaliações, inclusive no caso de trabalhos escritos como os da professora Norma, o professor pode procurar pelos padrões de erros ou, após a devolução das correções, pedir que a turma resuma os principais erros e os comunique em plenária. Depois de identificar padrões comuns entre o desempenho dos estudantes, você pode fornecer *feedback* para a turma como um todo, usando diferentes estratégias.

É importante destacar novamente que quando falamos de *feedback* da aprendizagem, nos referimos a uma ação do professor. Uma vez que ele construiu objetivos da aprendizagem claros e mensuráveis – e o mensurável é fundamental, quando ele aplica uma atividade avaliativa, uma prova ou qualquer tipo de avaliação, seja uma atividade prática ou oral, enfim –, ele consegue mensurar se, de fato, o aluno atinge determinado objetivo. Nesse sentido, dar *feedback* da aprendizagem é dizer ao aluno se, de fato, ele atingiu a competência ou, se não atingiu, por quê.

> **DICA**
>
> **Padrões de erros:** numa turma específica ou ao longo de um curso, é sempre possível identificar padrões de erros mais comuns entre os alunos. Seja em equívocos mais cometidos em exercícios específicos, em perguntas e dúvidas mais recorrentes ou em questões de provas, geralmente encontramos um ponto em que os alunos mais têm dificuldade. Colete esses dados ao longo de uma turma ou um grupo de turmas e consolide essas informações de tal forma que você consiga aproveitar os equívocos mais comuns como uma estratégia de dar *feedback* em plenária ao longo das suas aulas.

No exemplo da professora Norma, inclusive, não fica claro qual era o objetivo de aprendizagem esperado. Isso também deve ser considerado para fins de *feedback* efetivo. Se não há clareza ou mensurabilidade com relação ao objetivo de aprendizagem proposto, pouco adiantam os inúmeros comentários que ela faz nos trabalhos. Isso também é imprescindível para trabalhar com coleta de padrões de erros. Esses erros devem ser alinhados ao que se espera em termos de desenvolvimento das habilidades de comunicação.

Outras estratégias de *feedback* também podem ser adotadas em situações semelhantes à da professora Norma, como determinar o foco do *feedback* de forma mais específica. Geralmente, em casos de trabalho escritos, o excesso de apontamentos pode confundir o aluno. Por isso, é sempre melhor focar em determinado ponto e concentrar os esforços de *feedback* neste ponto, até que o aluno desenvolva e possa evoluir para outras habilidades. Assim, o foco deve ser sempre naquilo que é realmente mais útil em termos de aprendizagem.

> **DICA**
>
> **Determine qual será o foco:** defina e priorize o foco a ser dado no *feedback* aos seus alunos. Em geral, o desenvolvimento de determinada competência exige dos alunos múltiplas habilidades. Foque em dar *feedback* sobre aquilo que for mais útil para determinada atividade. Um *feedback* muito amplo, com muitos apontamentos, pode confundir o aluno. Portanto, tenha sempre um objetivo específico em mente.

Ainda com relação à situação trazida pela professora Norma, a partir do *feedback* nos primeiros trabalhos entregues, é possível solicitar aos alunos que apresentem no próximo trabalho o que aprenderam e incorporaram na nova escrita a partir do *feedback* anterior. Relacionar o *feedback* passado com entregas futuras é uma estratégia interessante, sobretudo porque exige a reflexão do aluno sobre o seu processo de aprendizagem.

Vejamos mais uma situação-problema, agora do professor Euclides, que ministra aulas de Neurologia em Cursos de Ciências da Saúde:

> *No semestre passado, quando lecionei Neurologia, as apresentações de pesquisa dos alunos foram todas brilhantes e com pouco conteúdo. Desta vez, como o projeto representa 50% da nota final, tentei avisar meus alunos: "Não se deixem seduzir pela tecnologia; foquem em argumentos concisos e criem apresentações envolventes".*
>
> *No entanto, aconteceu novamente. Na semana passada, os grupos (6 no total, com cinco membros cada) apresentaram, sendo um aluno sorteado para apresentar em nome dos colegas. Aluno após aluno se apresentou na frente da classe com o que eles acreditavam ser apresentações envolventes – fontes sofisticadas, muitas fotos sendo exibidas na tela, clipes de vídeos etc. Ficou claro que eles passaram horas aperfeiçoando o visual da apresentação.*
>
> *Infelizmente, apesar de suas apresentações serem visualmente impressionantes, o conteúdo era muito fraco. Alguns dos estudantes não fizeram uma pesquisa completa e os que fizeram tenderam apenas a descrever suas descobertas em vez de elaborar argumentos. Em outros casos, os argumentos dos alunos não foram sustentados por evidências suficientes, e a maior parte das imagens incluídas não estava ligada às descobertas da pesquisa. Pensei que tivesse sido claro ao dizer a eles o que eu queria e o que eu não queria. O que é preciso para fazê-los ouvir?*
>
> **Euclides**, professor de Neurologia em Cursos de Ciências da Saúde

O professor Euclides trouxe um desabafo interessante sobre a qualidade de apresentações de pesquisa e trabalhos acadêmicos. Por que será mesmo que os alunos não o ouvem? Será que ele está sendo claro naquilo que propõe como argumentos concisos e apresentações envolventes? Uma alternativa para a resolução dessa situação é utilizar o *feedback* entre pares como uma estratégia de engajamento e aprendizado.

Ele poderia disponibilizar aos alunos as diretrizes, os critérios e as rubricas sobre o que deve ser considerado como argumentação concisa e apresentação envolvente, distribuindo esse material antes da realização do trabalho e novamente para as apresentações finais. Assim, os alunos teriam maior compreensão daquilo que se espera em termos de desenvolvimento de habilidades, bem como podem avaliar seus pares, auxiliando o processo de aprendizagem de todos os envolvidos.

> **DICA**
>
> **Aplique *feedback* entre pares:** disponibilize diretrizes, critérios e rubricas aos alunos e permita que um dê *feedback* ao outro. Para isso funcionar, claro, lembre-se de explicar aos alunos o propósito dessa estratégia para o seu aprendizado.

Outro ponto que merece destaque na situação descrita pelo professor Euclides é com relação a quantas oportunidades os alunos tiveram, ao longo do seu curso de Neurologia, de realizar pequenos trabalhos que demandavam argumentos concisos e apresentações envolventes, com *feedback* sobre seu desempenho. Se a única atividade proposta foi realmente neste trabalho final, significa que os alunos nunca treinaram essa habilidade antes, tão pouco receberam *feedbacks* efetivos. Logo, a chance de sucesso deles é mínima.

Como vimos também no caso da professora Leila no início deste capítulo, a frequência e tempestividade do *feedback* ao longo de toda a experiência de aprendizagem é fundamental para o sucesso do aluno numa apresentação final como a exigida pelo professor Euclides. A ausência de momentos para exercício de habilidades específicas com *feedback* sobre o desempenho, que deveriam ser distribuídas ao longo de toda a jornada do aluno na disciplina, é uma das causas para o insucesso de apresentações de trabalhos finais.

> **DICA**
>
> **Frequência do *feedback*:** vimos que o *feedback* recorrente e tempestivo ao longo de todo o curso é uma ferramenta fundamental para a aprendizagem. Para conseguir promover esses momentos, é preciso criar várias oportunidades, ao longo do curso, de atividades práticas para que o aluno seja colocado em ação e refine seu conhecimento. Lembre-se também de criar atividades curtas para facilitar sua gestão.

Esses exemplos são situações de sala de aula muito comuns a todos os professores, e as estratégias de *feedback* apresentadas até aqui podem ser aplicadas em diferentes contextos e áreas de conhecimento, seja de Exatas, Humanas ou Sociais Aplicadas. Mas há ainda um aspecto do *feedback* da aprendizagem que é imprescindível e também aplicável a todo e qualquer formato de sala de aula ou área de conhecimento: o *feedback* que vai além da escrita.

Devemos considerar que o *feedback* da aprendizagem não está só na escrita de uma rubrica, de um padrão de resposta ou mesmo de uma devolutiva de prova, mas está presente também na fala do professor, durante as suas aulas. O *feedback* da aprendizagem também está relacionado com todo o movimento que o professor deve fazer em sala de aula, na construção de um relacionamento harmônico, inclusive considerando isso como ferramenta de motivação intrínseca. Vejamos o depoimento do professor João Augusto.

> *Nas minhas aulas de Pensamento Crítico sempre convido os alunos à participação, até porque não vejo como agir de outra forma, sobretudo se tenho como objetivo fazer com que eles sejam capazes de raciocinar logicamente sobre uma determinada situação. Antigamente, mesmo fazendo isso, muitos alunos que davam alguma resposta errada em sala eram advertidos por mim. Eu dizia: está errado! Quem sabe a resposta? E nunca me preocupei em entender por que o aluno respondeu errado ou nem mesmo dava uma devolutiva sobre o erro. Apenas ansiava em encontrar algum aluno que acertasse. Mas depois de fazer alguns cursos sobre feedback da aprendizagem, mudei a minha estratégia e tenho perguntado para aqueles que respondem errado: qual raciocínio você utilizou para chegar a essa resposta? Percebi que isso tem funcionado inclusive para me dar maior clareza sobre a minha didática. Em algumas respostas que recebi, percebi que a minha explicação ou a ausência dela é que acaba induzindo o aluno ao erro.*
>
> **João Augusto**, professor de Pensamento Crítico

A narrativa do professor João Augusto é um excelente exemplo de *feedback* aplicado durante a aula e que vai muito além da escrita. Quando o aluno responde de forma errada a uma pergunta realizada em plenária, é possível que o *feedback* seja dado da seguinte maneira: o professor dirige-se ao aluno e pergunta como ele chegou a tal resposta. Ou, ainda, como fez o professor João: qual caminho você percorreu para chegar até aqui? Quando o professor faz esse tipo de pergunta, o aluno reflete e, muitas vezes, percebe que ele cometeu um equívoco e "cai a ficha". Ou até mesmo serve para o professor entender como foi a dinâmica da aula e verificar se o caminho que o aluno está trilhando é o mais adequado para a sua aprendizagem. Quando o professor entende como o aluno está compreendendo a matéria, ele tem condições, como professor, de dar um *feedback* da aprendizagem mais assertivo, indicando ao aluno qual o caminho que deve persistir para compreender o erro e aprender. O mesmo deve se dar com relação às respostas corretas. Utilizar essa estratégia para os alunos que acertaram as respostas também é uma excelente atuação em sala de aula, inclusive para comunicar ao restante dos alunos outros caminhos ou raciocínios que podem ser feitos, que vão além do que só o professor expressa.

> **DICA**
>
> **Equilíbrio entre pontos positivos e negativos:** é importante que o aluno saiba sobre seus erros e aprenda novos caminhos. Entretanto, é fundamental que suas evoluções também sejam comunicadas. Como vimos no Capítulo 3, sobre motivação intrínseca, é importante que o aluno tenha senso de competência, percebendo sua evolução e sentindo-se capaz de progredir. Portanto, o equilíbrio entre pontos positivos e negativos é fundamental para o processo de aprendizagem dos alunos.

Ainda, no contexto da sala de aula, aproveite diferentes momentos de interação com os alunos como oportunidades de *feedback*. Isso dinamiza a aula ao mesmo tempo que favorece a aprendizagem do aluno, sendo também uma forma de garantir a frequência e a tempestividade do *feedback*.

> **DICA**
>
> **Feedbacks gerais:** nem todo *feedback* precisa ser individual; aproveite momentos de aulas expositivas para discutir sobre desempenhos esperados e padrões de erros.
>
> **Feedback síncrono:** aproveite as aulas expositivas para fazer perguntas aos alunos e coletar diferentes respostas. A partir das respostas, aproveite para encontrar os erros mais comuns e esclareça as dúvidas. Utilize a tecnologia, com *clickers* ou formulários *on-line* para aplicar exercícios e receber as respostas de forma instantânea, de tal maneira que você consiga dar *feedback* na própria aula.

Outro ponto importante para ser levado em consideração com relação a frequência e tempestividade do *feedback* é o intervalo entre a avaliação e a oferta de *feedback*. Se ele ocorrer muito tempo depois da atividade desenvolvida, seu potencial de intervir no desempenho do aluno diminui, pois um *feedback* ofertado muito tempo após a avaliação terá menos relevância dentro do contexto de aprendizado daquela mensuração.

O planejamento do *feedback* é fundamental para a experiência de aprendizagem

Como vimos até aqui, no método do PDAF® só existe *feedback* da aprendizagem efetivo quando a avaliação for, de fato, formativa. Isto é, se for aplicada uma avaliação formativa, a qual tem o papel fundamental de monitorar os avanços dos alunos e fornecer orientações (*feedback*) para corrigir ou melhorar o aprendizado. Como o próprio nome diz, é de fato informar e formar o aluno sobre determinada habilidade e o conteúdo relacionado, indicar ao aluno por que está certo e por que não está certo. Ao indicar ao aluno outras possibilidades de caminho, as formas de interação devem estar voltadas ao desenvolvimento da habilidade dele.

Ou seja, quando o professor der o *feedback*, esse deve estar relacionado com a ação que o aluno exerceu dentro do processo avaliativo, no contexto da experiência de aprendizagem. Sempre deve-se dar *feedbacks* relacionados com a ação esperada, que está vinculada a uma habilidade a ser desenvolvida. Nunca um *feedback* sobre aprendizagem deve ser feito sobre uma atitude comportamental do aluno. Portanto, consideramos o *feedback* parte essencial da aprendizagem, momento em que podemos intervir em resultados indesejados ao longo do percurso.

Assim, durante o planejamento do curso, além de prevermos dinâmicas e instrumentos de avaliação, também devemos prever momentos dedicados para dar *feedback* aos estudantes e o modo como ele será ofertado.

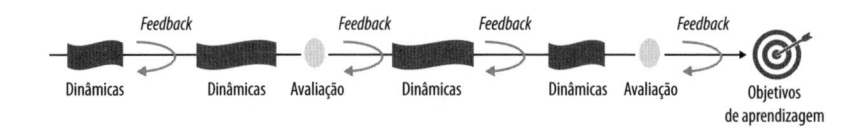

Figura 5.4 Experiência de aprendizagem.

Fonte: Os autores.

Na Figura 5.4, podemos compreender que os momentos de *feedback* devem fazer parte de toda a experiência de aprendizagem. Inclusive, ele não precisa e nem deve ser dado somente após a aplicação de um instrumento avaliativo. Dependendo do tipo de dinâmica escolhida, é plenamente possível criar oportunidades de *feedback*, auxiliando o processo de aprendizagem dos alunos.

Como o aprendizado é desenvolvido gradualmente com a prática, múltiplas atividades de duração ou escopo menor tendem a resultar em mais aprendizado do que uma única atividade de duração ou escopo longo. Com atividades mais curtas, os estudantes têm mais oportunidades para praticar as habilidades e podem melhorar seu desempenho na atividade com base no *feedback* que recebem.

Essa estratégia pode ajudá-lo a pensar além de provas intermediárias e finais e ser mais criativo em relação à variedade e à quantidade de trabalhos que solicita (por exemplo, uma redação, notas de aula, ou um relatório sintético). Tenha em mente, contudo, que uma única oportunidade de desempenho de uma habilidade tem pouco potencial para os estudantes desenvolverem habilidades relevantes, ainda menos para incorporarem o *feedback* recebido em atividades futuras relacionadas.

Lembre-se sempre que sem objetivos de aprendizagem específicos para o curso como um todo ou para avaliações individuais, os estudantes geralmente confiam em suas suposições para decidir como devem utilizar seu tempo quando estudam ou na realização de alguma tarefa. Isso torna ainda mais importante articular os objetivos de aprendizagem do curso explicitamente com os conteúdos programáticos e cada atividade programada, para que os estudantes saibam quais são as expectativas de desempenho e possam usá-las para orientar o seu desenvolvimento.

É mais provável que os estudantes utilizem os objetivos de aprendizagem para direcionar sua aprendizagem quando esses objetivos estabelecem o que eles devem ser capazes de fazer ao final de uma atividade ou de um curso. Por isso, como já vimos, uma rubrica específica para uma avaliação, com descrição clara da escala de desempenho abordando os critérios de avaliação adotados, pode ser um meio de oferecer *feedback* aos estudantes de modo coletivo. Já o acompanhamento individual de um projeto de pesquisa pode requerer um *feedback* mais personalizado, uma vez que os projetos individuais, apesar de serem avaliados com base nos mesmos critérios, podem ter pontos que necessitam intervenção localizada, dependendo da sua especificidade.

Lembre-se também que nem todo *feedback* precisa ser dado por você para ser valioso. Com diretrizes, critérios, ou uma rubrica com descrições claras, os estudantes podem fornecer *feedback* construtivo sobre o desempenho de seus pares. Tenha em mente, contudo, que para o *feedback* entre pares ser eficaz, é preciso explicar claramente o que ele é, qual o racional por trás da estratégia, como os estudantes devem se engajar e treiná-lo, para fazê-lo com o objetivo de aproveitar o potencial dessa técnica.

O *feedback* também é mais valioso quando os estudantes têm a oportunidade de refletir sobre ele – relembre o depoimento do professor João Augusto –, para que possam então incorporá-lo em práticas e desempenhos futuros, ou ambos. Como os estudantes frequentemente não veem conexão entre atividades, projetos, avaliações etc., pedir que mostrem explicitamente como o *feedback* recebido impactou a entrega mais recente ajuda-os a ver e experienciar o ciclo "completo" de aprendizagem.

Outro ponto importante é o fato de que nem todo *feedback* precisa ser individual para ser efetivo. Embora você possa querer escrever anotações em atividades individuais (o que leva mais tempo e consequentemente diminui a rapidez na oferta de *feedback* à turma, como vimos nos relatos da Leila, da Norma e do Euclides), é possível, em alguns momentos, identificar os erros mais comuns que os estudantes cometem, ofertar estas listas à turma e discutir esses erros. De maneira similar, também é possível mostrar à turma dois exemplos de desempenho esperado e discutir os componentes que configuram tal resultado.

Quando são solicitadas múltiplas versões de pesquisas ou artigos aos estudantes, por exemplo, é possível pedir que eles submetam, junto com cada nova entrega, um parágrafo comentando como o *feedback* já recebido foi incorporado na nova versão. Uma abordagem análoga poderia ser aplicada a um projeto composto por múltiplos marcos ou entregas. São aqui mais algumas reflexões para quando você for planejar os momentos de *feedback* no desenho do seu curso ou disciplina utilizando o método PDAF®.

E, por falar nisso, como você tem dado *feedback* da aprendizagem nas suas aulas? Já refletiu se eles são dados tempestivamente e com frequência?

Agora que chegamos até aqui, reflita sobre os seus objetivos de aprendizagem, as dinâmicas que você planejou para auxiliar o seu aluno a ter oportunidades de exercer as habilidades, os momentos de avaliação formativa e, consequentemente, o *feedback* sobre o desempenho dos alunos com relação ao objetivo de aprendizagem esperado.

Para facilitar o seu processo de aprendizagem, se você fez as atividades propostas ao final de cada capítulo, já tem uma estrutura macro da sua proposta de desenho de curso. Agora, reflita sobre os momentos para dar *feedbacks* da aprendizagem de forma que sejam frequentes, tempestivos e formativos.

Se você ainda não fez as atividades, para facilitar o seu estudo, tente ao menos elaborar um objetivo de aprendizagem e desenhe toda a experiência do método PDAF® para este objetivo, incluindo os momentos para o *feedback* da aprendizagem.

Bom trabalho!

O QUE VOCÊ APRENDEU NESTE CAPÍTULO?

Neste capítulo, você aprendeu o que é *feedback* da aprendizagem, diferenciando-o das correções de provas e trabalhos, bem como do fornecimento de gabarito. Vimos que *feedback* da aprendizagem é uma excelente ferramenta de mediação da aprendizagem e que sem ele o aluno nem sempre é capaz de atingir os objetivos de aprendizagem de um curso ou disciplina.

Aprendemos que *feedback* de aprendizagem é dizer ao aluno como está o seu desempenho, o que errou e/ou acertou e como deve corrigir sua rota de aprendizagem. Vimos também que o *feedback* está intimamente ligado ao processo de avaliação da aprendizagem. É preciso medir e verificar a aprendizagem, para que seja possível dar um *feedback* eficaz com relação aos resultados de aprendizagem. Mas é possível também que o *feedback* seja feito durante uma dinâmica de aprendizagem.

Também vimos diversas estratégias de *feedback* da aprendizagem que podem ser aplicadas em diferentes contextos de sala de aula e que a forma de dar *feedback* da aprendizagem deve estar sempre muito mais direcionada aos resultados de um processo de aprendizagem do que nas questões comportamentais dos alunos.

Ao final, fizemos um exercício de revisão dos capítulos deste livro, para que você possa finalizar a elaboração da sua experiência de aprendizagem, inserindo no planejamento do seu curso ou disciplinas os momentos ideais para que o *feedback* ocorra de forma tempestiva e frequente. Lembre-se sempre de que o *feedback* da aprendizagem é o melhor método que você pode oferecer aos seus alunos para que eles possam progredir no seu curso.

Referência

1. PEREIRA. D.; ASSUNÇÃO, M. *Avaliação e feedback no ensino superior*. Disponível em: https://www.sciencedirect.com/science/article/pii/S2007287213719231. Acesso em: 30 set. 2020.

CAPÍTULO 6

DESENHO DE CURRÍCULO

Objetivos de aprendizagem

Ao final deste capítulo, você deverá ser capaz de:

- Reconhecer a diferença entre a abordagem convencional de desenho de currículos e a abordagem proposta neste livro.
- Compreender as vantagens de se desenhar as experiências de aprendizagem de acordo com o perfil desejado para o egresso.
- Planejar o desenho de um currículo usando as técnicas do método apresentado.
- Compreender a importância de formar e preparar a equipe de professores que realizarão o desenho do currículo.

Introdução

Desenhar um novo currículo, seja de graduação ou pós-graduação, é uma tarefa bastante mais desafiadora do que desenhar apenas uma disciplina ou unidade curricular. Primeiro, pelo porte da tarefa, afinal um currículo representa um volume de experiências de aprendizagem muitíssimo maior do que o de uma disciplina, sendo que cada uma dessas experiências terá (ou não) impacto no aprendizado do aluno. A duração, que pode ser de um a dois anos no caso de pós-graduação, ou de quatro a seis no caso de graduação, também torna muito mais difícil manter a motivação do aluno até o final. Em segundo lugar, um currículo não se desenha sozinho. Como ele será executado por mais de uma dezena de professores, é importante que o desenho seja elaborado por um grupo que represente o todo do corpo docente que nele atuará, para que possa tomar decisões sobre aspectos de diferentes áreas de conhecimento. Coordenar o trabalho de grandes equipes é sempre um desafio.

Se a tarefa é mais desafiadora, também maior é a recompensa em se desenhar um currículo para garantir o aprendizado. Um currículo inteiro voltado ao desenvolvimento de competências desejadas no egresso tem um impacto muito maior do que uma ou algumas disciplinas desenhadas para garantir o aprendizado do aluno. Na verdade, competências não se desenvolvem numa disciplina ou num único elemento curricular. Normalmente, é necessário um volume de trabalho muito maior, ao longo de um período também maior. Por isso, um currículo inteiro é mais adequado ao desenvolvimento de um conjunto de competências.

Se você não está na posição de liderança para guiar o desenho ou redesenho do currículo, talvez este capítulo não lhe seja de muita valia. Por outro lado, se você foi seduzido pela metodologia PDAF® de desenho de disciplinas apresentada neste livro, talvez possa ser o catalisador de uma mudança maior na sua instituição. Se isso lhe motiva, este capítulo vai lhe mostrar como um currículo pode ser desenhado para garantir o aprendizado do aluno ou, em outras palavras, garantir o desenvolvimento das competências que esperamos ver no egresso, potencializando o papel de cada um dos elementos do currículo.

Abordagem convencional no desenho de currículos

Como não se desenham currículos com muita frequência, não são muitos os docentes que tiveram a oportunidade de viver essa experiência. Assim, antes de apresentarmos o método que aprendemos e tivemos a oportunidade de aplicar várias vezes, é importante estabelecer o contraponto, que é a abordagem convencional de desenho de currículos.

Embora haja muitas variações, a forma convencional de desenhar currículos coloca a atenção principal nos conteúdos a serem apresentados ou cobertos. Acaba-se colocando pouco foco no aluno, recipiente do conhecimento a ser transferido. A Figura 6.1 ilustra essa abordagem convencional.

Os conteúdos podem vir demandados pelos documentos regulatórios (diretrizes curriculares) ou pela convicção do grupo responsável por desenhar o currículo. Pode ser uma lista detalhada ou agrupada por áreas de conhecimento, às quais se alocam determinados percentuais da carga horária total do curso. Em tese, essas decisões deveriam estar orientadas a partir do perfil do egresso, ou seja, das características, competências e habilidades que se deseja no aluno que vai finalizar o programa. Entretanto, a prática mostra que geralmente há pouca conexão entre o texto que finalmente expressa o perfil do egresso, presente em documentos oficiais, e o conjunto de conteúdos priorizados, pois o perfil do egresso geralmente expressa as competências e habilidades, para as quais os conteúdos são fundamentais, mas não suficientes. Essa abordagem parte da premissa, para nós incorreta, de que a formação do aluno é o resultado da acumulação de conhecimento do conteúdo ao longo do currículo. Não é. Além de saber o conteúdo, o aluno deve saber como e quando utilizá-lo, aplicando-o para formular e resolver problemas na sua área de atuação, desenvolvendo competências que somente se obtêm pela reflexão do seu desempenho na utilização do conteúdo em situações diversas, realizada ao longo do currículo.

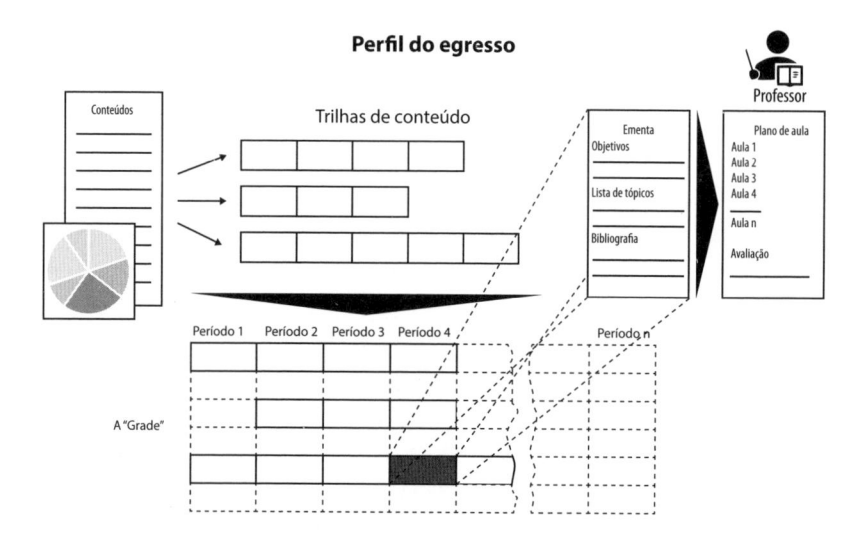

Figura 6.1 Representação da forma convencional de desenho de currículos.

Fonte: Os autores.

A partir dos conteúdos priorizados e do conhecimento da estrutura da "grade" (quantidade de períodos e de disciplinas por período), os conteúdos são organizados em trilhas de conteúdos, verificando-se a sequência lógica de apresentação do conteúdo e eliminando sobreposições. Como normalmente a grade não é suficiente para todo o conteúdo que se deseja apresentar, são necessárias escolhas e priorizações. Com a grade completa, procura-se especificar cada uma das "caixas" da grade, ou seja, disciplinas ou elementos curriculares. Essa especificação, na forma de uma ementa, geralmente contém os objetivos da disciplina (em geral, o que a disciplina vai apresentar aos alunos, mas não os objetivos de aprendizagem, ou seja, o que os alunos serão capazes de fazer ao final do curso, o que seria desejável), o conjunto de conteúdos a serem trabalhados e a correspondente bibliografia de referência. Disciplinas eletivas, atividades complementares, trabalhos de conclusão e estágios complementam o currículo.

A ementa é geralmente o documento base que será utilizado por determinado professor, designado responsável por determinada disciplina, para que elabore o plano de ensino ou de aula, contendo a programação aula a aula, a metodologia de ensino, a forma de avaliação, entre outros aspectos. O plano de ensino define o que realmente vai acontecer nos encontros (presenciais ou virtuais) entre o professor e seus alunos, em que o aprendizado vai efetivamente ocorrer.

Mas, afinal, qual é o problema com essa abordagem convencional? Sem dúvida, ela vem sendo aplicada há várias décadas e vem produzindo egressos nas mais diversas áreas do conhecimento, que de uma forma ou de outra têm encontrado seu lugar no mercado de trabalho. Por que precisamos de algo diferente? Vamos a algumas reflexões.

Nas últimas três décadas, iniciadas em 1990, houve uma grande expansão do ensino superior no Brasil, com um aumento médio do número de matrículas superior a 5% ao ano. O número de matrículas subiu de 1,6 milhão (cerca de 1% da população brasileira à época) para 8,5 milhões em 2019, o que representa cerca de 4% da população.[1] Com essa expansão, é plausível assumir que houve uma queda na seletividade dos processos de admissão das universidades, com uma alteração no perfil dos estudantes. Se, no passado, algumas instituições assumiam que os poucos alunos que acessavam o ensino superior eram capazes de aprender por conta própria, de certa forma independentemente do processo de ensino-aprendizagem, isso possivelmente não é mais verdade e não o será no futuro. As altas taxas de evasão do ensino superior talvez sejam uma evidência disso.

A introdução da Internet nos anos 1990 e sua evolução em termos da disponibilidade de textos e vídeos tornaram o conteúdo, mesmo o mais técnico e antes restrito ao corpo docente das universidades, disponível a qualquer um que tenha acesso à rede. Basta procurar e encontram-se aulas gravadas pelos melhores professores das melhores universidades do mundo. Os MOOCs (*massive open online courses*) proliferaram e, de forma gratuita ou a baixo custo, é possível adquirir conhecimento, desde que com uma boa dose de disciplina e automotivação. Nesse contexto, não parece fazer muito sentido que a mera transmissão de conteúdo seja o principal objetivo dos cursos de graduação e pós-graduação e de seus currículos.

Há décadas, o mercado de trabalho vem expressando, por meio de seus representantes, certo descontentamento com a qualidade de formação dos egressos, notadamente em cursos profissionais como Administração, Engenharia, Medicina e Direito, entre outros, que não se mostram preparados para exercer sua profissão ao saírem das instituições de ensino. Podem saber o conteúdo, mas pouco sabem sobre o que fazer com ele.[2]

Essas considerações nos fazem crer que o desenho e o redesenho dos currículos carecem de uma nova abordagem no atual contexto.

Uma nova abordagem: alinhando o perfil do egresso às experiências de aprendizagem

Duas características definem a nova abordagem de desenho de currículo. A primeira está relacionada com o início do processo e com o que deve guiar o desenho do currículo. Se na abordagem convencional o início se dá pela escolha dos conteúdos, nesta nova abordagem o que vai guiar o desenho é o perfil do egresso, expresso pelas competências que se deseja desenvolver nos alunos. Sim, essa é a escolha óbvia, então por que não se faz assim há tanto tempo? Basicamente, porque desenhar um currículo para desenvolver competências não é uma coisa óbvia, e poucos docentes foram preparados para essa tarefa. E são esses docentes que formam as equipes que desenham e redesenham currículos. É aqui que entra a segunda característica desta nova abordagem.

A chave para desenhar um currículo que desenvolva as competências que se deseja no egresso é o alinhamento do perfil do egresso às experiências de aprendizagem pelas quais o aluno vai passar ao longo do currículo. A abordagem convencional está baseada do desdobramento hierárquico entre o que se deseja para o egresso, expresso pelos conteúdos a serem cobertos, passando pela alocação da carga horária, pelo estabelecimento de trilhas de disciplinas, chegando às ementas das disciplinas que são transformadas em planos de ensino pelos professores. Nesse processo, a conexão geralmente se perde, e o que acontece nas aulas acaba ficando desconectado do perfil desejado do egresso.

Na nova abordagem, como já dissemos, partimos da premissa de que o aprendizado do aluno se dá pela reflexão do seu desempenho na utilização do conteúdo em situações diversas, realizada ao longo do currículo. Isso significa que pensar nas experiências concretas pelas quais o aluno vai passar é tão fundamental quanto escolher o conteúdo a ser trabalhado nessas experiências. Assim, esta nova abordagem dá muita importância a essas experiências e garante que elas tenham um papel central no processo de desenho do currículo.

A Figura 6.2 ilustra o processo de desenho com a nova abordagem proposta, de forma bastante resumida e em seis etapas que serão discutidas a seguir.

A — Perfil do egresso e competências: Conjunto de competências (em geral de 4 a 12) que expressam o que o egresso será capaz de fazer ao final do curso ou programa. Estão relacionadas ao conhecimento de conteúdos, mas é fundamental que expressem ações. O perfil do egresso é geralmente um texto que sintetiza as competências.

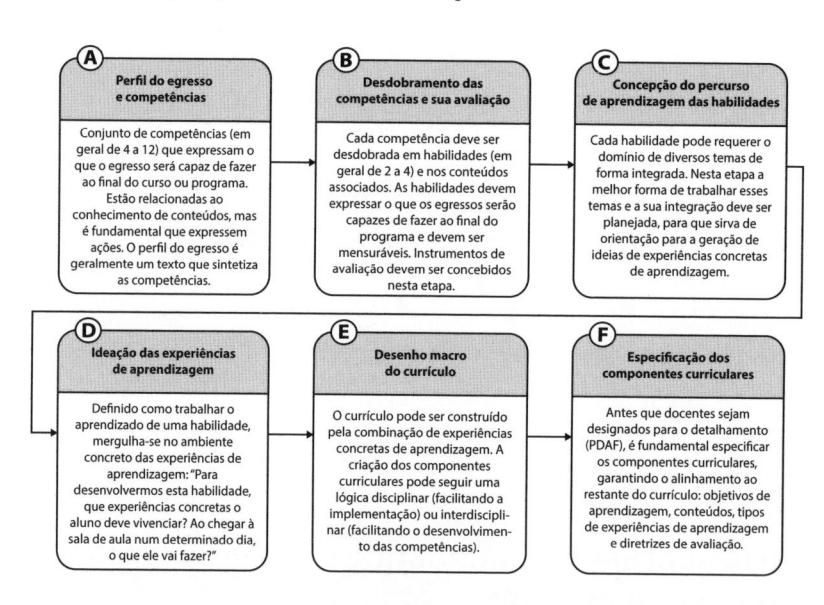

B — Desdobramento das competências e sua avaliação: Cada competência deve ser desdobrada em habilidades (em geral de 2 a 4) e nos conteúdos associados. As habilidades devem expressar o que os egressos serão capazes de fazer ao final do programa e devem ser mensuráveis. Instrumentos de avaliação devem ser concebidos nesta etapa.

C — Concepção do percurso de aprendizagem das habilidades: Cada habilidade pode requerer o domínio de diversos temas de forma integrada. Nesta etapa é fundamental pensar qual a melhor forma de trabalhar esses temas e a sua integração deve ser planejada, para que sirva de orientação para a geração de ideias de experiências concretas de aprendizagem.

D — Ideação das experiências de aprendizagem: Definido como trabalhar o aprendizado de uma habilidade, mergulha-se no ambiente concreto das experiências de aprendizagem: "Para desenvolvermos esta habilidade, que experiências concretas o aluno deve vivenciar? Ao chegar à sala de aula num determinado dia, o que ele vai fazer?"

E — Desenho macro do currículo: O currículo pode ser construído pela combinação de experiências concretas de aprendizagem. A criação dos componentes curriculares pode seguir uma lógica disciplinar (facilitando a implementação) ou interdisciplinar (facilitando o desenvolvimento das competências).

F — Especificação dos componentes curriculares: Antes que docentes sejam designados para o detalhamento (PDAF), é fundamental especificar os componentes curriculares, garantindo o alinhamento ao restante do currículo: objetivos de aprendizagem, conteúdos, tipos de experiências de aprendizagem e diretrizes de avaliação.

Figura 6.2 Visão resumida da nova abordagem para desenho de currículos.

Fonte: Os autores.

(A) PERFIL DO EGRESSO E COMPETÊNCIAS

O processo de desenho começa pela definição do perfil do egresso, que se expressa pelo conjunto de competências que se espera sejam desenvolvidas nos egressos do programa. Vale dizer que o mais importante é o conjunto de competências e não o texto que representa o perfil do egresso. Este último, que normalmente se encontra em documentos regulatórios e mercadológicos, é importante, mas pode ser escrito por quem sabe redigir, depois que se chega a uma definição das competências do egresso.

Uma competência em geral expressa numa frase um conjunto relativamente amplo de habilidades, indicando, sempre por meio de verbos de ação, o que o egresso será capaz de fazer ao final do programa de graduação ou pós-graduação. Apenas a título de exemplo, apresentamos a seguir algumas definições de competências de cursos de graduação e pós-graduação:

- Analisar e compreender os fenômenos físicos e químicos por meio de modelos simbólicos, físicos e outros, verificados e validados por experimentação.
- Analisar problemas e oportunidades considerando diferentes contextos (sociocultural, político--legal, ético, ambiental, econômico, tecnológico, entre outros), para que possa gerar soluções desejáveis e viáveis sob todas essas perspectivas.
- Desenvolver sistemas de processamento de dados (incluindo larga escala) que viabilizem a análise de modelo estatístico aplicado aos dados referentes ao assunto em questão.
- Utilizar técnicas de *design* na formulação de problemas ou oportunidades de negócio e criação de possíveis soluções, interagindo de forma assertiva junto aos *stakeholders*.
- Trabalhar com outras pessoas em direção a um objetivo compartilhado, participando ativamente, compartilhando responsabilidades e recompensas e contribuindo para a capacidade da equipe.
- Compreender, analisar e ser capaz de criticar informações obtidas a partir de dados qualitativos ou quantitativos.

Como as competências envolvem um conjunto de habilidades, que estão apoiadas no conhecimento de conteúdos, o seu desenvolvimento geralmente requer, além da mediação dos professores, uma dedicação considerável do aluno, em termos de tempo e esforço, para compreender os diversos conteúdos, exercitar sua aplicação a diferentes situações, receber *feedbacks*, refletir sobre suas dificuldades e aprimorar-se, até atingir o nível de proficiência de forma integrada nas diversas habilidades, que se espera do egresso do curso. Como o tempo de dedicação dos alunos a esse processo é finito, podendo ser maior em programas que exigem dedicação integral e menor em programas de dedicação parcial, há que se avaliar quantas competências e com que nível de proficiência é possível desenvolver nos alunos no programa cujo currículo se está desenhando.

Não há uma diretriz específica em relação ao número de competências que se deve estabelecer para um curso de graduação ou pós-graduação, mas a nossa experiência recomenda algo entre 4 e 12. Não há nenhum problema em ultrapassar esses limites para um lado ou para outro, mas o número final deve ser obviamente viável de ser executado. Um exercício interessante é pensar que percentual do tempo de dedicação do aluno ele vai ser capaz de dedicar ao desenvolvimento de cada competência e, a partir daí, construir um gráfico de pizza para representar o resultado das estimativas. A Figura 6.3 ilustra dois casos, um (esquerda) com 6 competências e outro (direita) com 18 competências. O gráfico é uma ferramenta eficaz para mostrar à equipe de docentes que enumerar muitas competências, embora possa fazer o projeto pedagógico parecer mais completo e abrangente na formação, na prática deixa claro que o aluno vai dedicar muito pouco tempo da sua semana para o desenvolvimento de várias das competências, o que significa que provavelmente de fato não vai desenvolvê-las.

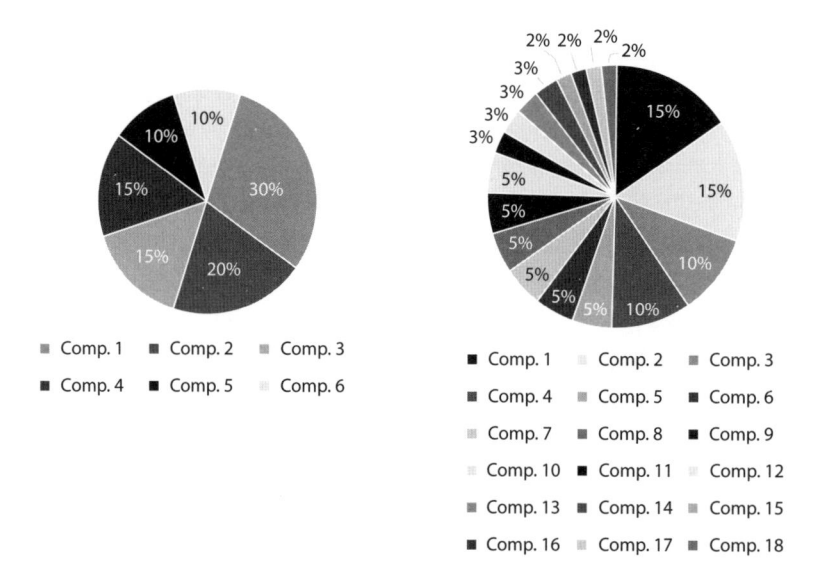

Figura 6.3 Estimativas de tempo de dedicação do aluno ao desenvolvimento das competências.

Fonte: Os autores.

Vale dizer que essa análise está longe de ser precisa, pois na verdade o tempo de dedicação do aluno estará voltado a experiências de aprendizagem que podem trabalhar mais de uma competência. Ainda assim, o tempo do aluno é finito e é importante se confrontar com essa realidade.

O conjunto de competências deve formar um todo coerente, e isso pode ser expresso pelo perfil do egresso. Algumas instituições definem o perfil do egresso simplesmente listando as competências, o que faz algum sentido. Entretanto, vemos valor na elaboração de um texto que "conte uma história" coerente, incluindo de alguma forma todas as competências esperadas do egresso.

O perfil do egresso, expresso como um texto coerente que conecta as diferentes competências, caracteriza o perfil do profissional formado pelo curso. Apenas a título de exemplo, sem a pretensão de apresentar um modelo, apresentamos uma redação para o perfil do egresso dos cursos de engenharia do Insper, como descrito no seu projeto pedagógico.

> O engenheiro do Insper caracteriza-se por sua orientação empreendedora, voltada à identificação e solução de demandas da sociedade, através do emprego de tecnologias existentes e do desenvolvimento de novas tecnologias. Portanto, sua capacidade de realizar e de inovar está aliada à compreensão do contexto social em que está inserido. Com sólida formação nos fundamentos da engenharia, associada a uma grande autonomia para o aprendizado, o engenheiro é experiente na

realização de projetos de inovação pautados pelo atendimento das necessidades do usuário e da sociedade. Também se destaca por sua aptidão para o trabalho em equipe, por sua autonomia intelectual e pela capacidade de comunicação oral, escrita e gráfica, fruto de uma formação generalista e com substancial componente humanístico.

Por sólida formação nos fundamentos da engenharia, entende-se que o engenheiro é capaz de empregar conhecimentos sobre ferramentas matemáticas e sobre fenômenos físicos, químicos e biológicos para compreender os princípios subjacentes às tecnologias e técnicas empregadas para resolver problemas de engenharia. Desta forma, o engenheiro será capaz de acompanhar a evolução das tecnologias, ao longo de sua trajetória profissional.

Por autonomia intelectual, entende-se que o engenheiro é capaz de identificar e atender às suas próprias necessidades de aprendizagem, sendo fluente no uso de fontes de informação e capaz de autodirecionar seu aprendizado – aprender a aprender.

(B) DESDOBRAMENTO DAS COMPETÊNCIAS E SUA AVALIAÇÃO

Desdobrando as competências em habilidades e conteúdos

Uma vez estabelecidas as competências do egresso, expressas de forma adequada e num número que torne a formação factível, dadas as condições de duração do curso e tempo de dedicação dos alunos, é necessário desdobrá-las em habilidades e seus conteúdos fundamentais, para que se possa pensar nas experiências de aprendizagem que irão desenvolvê-las. As competências normalmente são mais complexas e abrangentes, enquanto as habilidades serão mais específicas. Em nosso entender, da mesma forma que as competências, as habilidades serão expressas usando verbos de ação, representando níveis cognitivos adequados da Taxonomia de Bloom. Embora geralmente definamos competência como composta por conhecimento sobre conteúdos, habilidades e atitudes, pensar o currículo para desenvolver habilidades e não apenas transmitir conteúdo já é uma tarefa razoavelmente desafiadora, por isso a sugestão é deixar a preocupação com atitudes para outro momento.

Aqui é importante reforçar o que já dissemos sobre a relação entre conteúdos, habilidades e competências. Muito se tem falado de ensino por competências como algo revolucionário, enfrentando a resistência de quem entende que os conteúdos são a parte fundamental e que pensar em competências significa deixar os conteúdos fundamentais de lado. Essa divergência é na verdade uma falsa polêmica. Competências são formadas por conhecimento dos conteúdos, habilidades de uso deste conhecimento e atitudes. Quem contrapõe conteúdo e competência ou não sabe do que está falando, ou vê competências apenas como aquelas relacionadas com habilidades socioemocionais, como comunicação, trabalho em equipe, entre outras, as quais ainda que tenham um conteúdo próprio associado, não estão diretamente relacionadas com a área de conhecimento do curso. Na verdade, o conhecimento dos conteúdos sem saber como e quando utilizá-los é de pouca serventia, e o aspecto revolucionário do aprendizado de competências envolve simplesmente desenhar estratégias para levar o aluno a saber o conteúdo, mas também ser capaz de utilizá-lo nas situações adequadas. Por isso, as competências devem ser desdobradas nos seus conteúdos fundamentais e nas habilidades, que expressam como e quando utilizar o conteúdo.

A título de exemplo, vamos tomar uma das competências apresentadas na etapa anterior e sugerir um desdobramento em habilidades e conteúdos associados. A Figura 6.4 ilustra esse desdobramento para uma competência que poderia ser denominada de Competência de Uso de Dados (*Data Literacy*), importante a vários cursos de graduação ou pós-graduação. Isso significa dizer que ao final do curso o egresso deveria ser capaz de *compreender, analisar e criticar informações obtidas a partir de dados quantitativos ou qualitativos*. Essa definição pode ser adequada para uma compreensão ampla da competência, mas não para sua operacionalização, ou seja, para que se desenhem as experiências de aprendizagem que deveriam desenvolvê-la. Assim, é conveniente desdobrar a competência nas habilidades que a definem. No exemplo do Quadro 6.1, sugerem-se seis habilidades para essa competência, todas elas definidas por meio de verbos de ação (julgar, associar, interpretar diferenciar etc.), expressando o que o egresso deveria ser capaz de fazer ao final do curso.

Quadro 6.1 Desdobramento da competência em habilidades e conteúdos associados

Competência: *compreender, analisar e ser capaz de criticar informações obtidas a partir de dados quantitativos ou qualitativos*	
Habilidades	**Conteúdos associados**
Julgar a qualidade e confiabilidade da fonte de informação.	Noções de pensamento crítico.
Associar o conhecimento do contexto à análise da informação.	Noções de pensamento crítico; Análise exploratória de dados; Modelagem estatística; regressão.
Reconhecer questões éticas na análise de informações.	Aspectos éticos na análise de dados e informações qualitativas.
Interpretar gráficos e dados estatísticos, levando em conta o contexto.	Análise descritiva e exploratória de dados.
Reconhecer os limites de informações obtidas a partir de parte da população.	Métodos de coleta de dados; amostragem; representatividade da amostra; cálculo do tamanho amostral; noções de inferência estatística (conceitos de margem de erro e testes de hipóteses).
Diferenciar associação de causalidade.	Correlação; regressão linear; causalidade; representação esquemática de uma estrutura de dependência (diagrama de caminho); noções de variáveis instrumentais.

Fonte: Os autores.

Além de desdobrar a competência em habilidades, é importante especificar quais são os conteúdos fundamentais que o aluno precisa dominar para que adquira essas habilidades. Esses conteúdos também estão exemplificados no Quadro 6.1. Note que ao elencarmos os conteúdos não podemos jamais tirar o foco das habilidades. Isso significa que as atividades de ensino-aprendizagem devem estar a serviço de desenvolver nos alunos as habilidades e não de transmitir simplesmente os conteúdos, ou, o que seria pior, apenas apresentá-los. Os conteúdos estão a serviço das habilidades, e não o contrário. Isso também significa que em nome do desenvolvimento das habilidades podemos abrir mão de transmitir determinados conteúdos, caso estes não sejam essenciais para que os alunos adquiram as habilidades. Partimos assim da premissa de que se os alunos aprenderam os conteúdos essenciais e adquiriram as habilidades, serão capazes de aprender novos conteúdos associados no futuro, ampliando possivelmente suas habilidades e, consequentemente, suas competências.

Avaliação das habilidades

A última parte desta etapa é pensar em formas de avaliar se as habilidades de fato foram adquiridas pelos egressos. Essa análise é fundamental, pois por melhor que seja o processo de desenho do currículo a partir das competências, é impossível garantir que o conjunto de atividades de ensino-aprendizagem vá de fato desenvolver as competências esperadas nos alunos. Assim, é fundamental instituir um processo de gestão da aprendizagem, que garanta o aprimoramento do currículo com base nas evidências do aprendizado dos alunos. Esse processo de gestão da aprendizagem não faz parte da tradição do ensino superior no Brasil, mas já começa a surgir como requisito regulatório, a exemplo das Diretrizes Curriculares Nacionais dos cursos de Engenharia homologadas em 2019[3] ou das DCNs dos cursos de Administração homologadas em 2020.

Conceitualmente, o processo é bastante simples, caracterizado por fechar o ciclo de aprimoramento que se inicia com a (i) avaliação da aprendizagem dos alunos nas diversas habilidades que compõem as competências desejadas no egresso, seguida pela (ii) análise dos resultados da avaliação e diagnóstico das causas das lacunas identificadas e pela (iii) intervenção no currículo e no conjunto de atividades de ensino-aprendizagem visando eliminar as lacunas. A Figura 6.4 ilustra o conceito da gestão da aprendizagem.

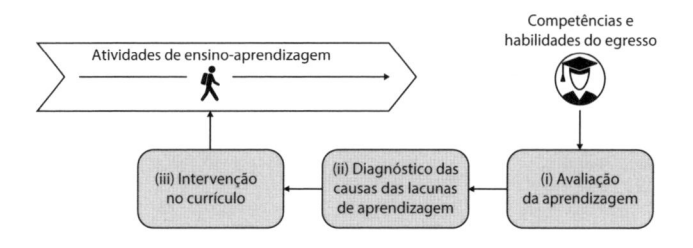

Figura 6.4 Processo de gestão da aprendizagem.

Fonte: Os autores.

Como as experiências de aprendizagem ainda não foram idealizadas, provavelmente não será possível neste momento definir com precisão em que ponto do currículo e por meio de que instrumentos as habilidades serão avaliadas. Entretanto, planejar essa avaliação neste momento faz refletir se as habilidades, tal como foram definidas, são *mensuráveis*, ou seja, se poderemos avaliar em que grau os alunos adquiriram essas habilidades. Essa mensuração normalmente será feita expondo os alunos a determinadas situações em que eles deverão aplicar os conhecimentos adquiridos, demonstrando as habilidades e, por consequência, as competências adquiridas. Poderão ser provas, relatórios de análise, projetos, apresentações ou outros instrumentos que permitam avaliar, geralmente com o uso de uma rubrica, se os alunos alcançaram a proficiência esperada. Em qualquer circunstância, deve-se garantir que os instrumentos de medição são *válidos* (que medem o que desejamos medir) e *confiáveis* (que expressariam resultados semelhantes se aplicados por outras pessoas em outros momentos, sendo replicáveis).

Mais adiante no processo de desenho do currículo, quando houver uma visão mais clara das experiências de aprendizagem e do conjunto de atividades de ensino-aprendizagem ao qual os alunos serão submetidos, será possível especificar com mais precisão em que momento e como as habilidades serão avaliadas. Nesta etapa, o mais importante é garantir que as habilidades, tal como definidas, são mensuráveis.

(C) CONCEPÇÃO DO PERCURSO DE APRENDIZAGEM DAS HABILIDADES

Uma vez definidas as habilidades e antes de pensar em experiências concretas de aprendizagem para desenvolvê-las, é conveniente conceber por meio de que percurso as habilidades serão desenvolvidas. Cada habilidade envolve vários conceitos e temas que, em geral, para serem aplicados, devem ser integrados. Vamos imaginar determinada habilidade que envolva, por exemplo, quatro temas de conteúdo que devem ser integrados, X, Y, Z e W. Uma forma possível é a expressa pela Figura 6.5, que representa um percurso no qual cada tema é trabalhado separadamente, para que ao final sejam integrados ao final de uma disciplina, ou ainda num ponto mais adiante do currículo.

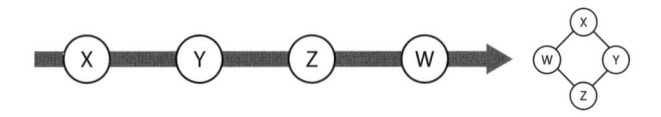

Figura 6.5 Temas de uma habilidade sendo trabalhados de forma sequencial e isolada.

Fonte: Os autores.

Ainda que essa forma possa ser adequada para alguma habilidade, se é que pode, certamente não é a mais adequada para todas elas. A Figura 6.6 ilustra outros possíveis percursos de desenvolvimento das habilidades.

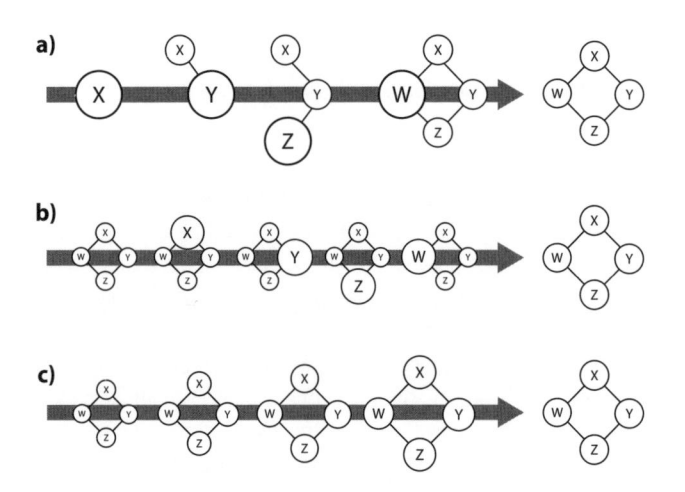

Figura 6.6 Diferentes percursos de desenvolvimento de uma habilidade.

Fonte: Os autores.

A Figura 6.6 a) ilustra um percurso em que o tema X é trabalhado com os alunos e, em seguida, trabalha-se o tema Y, conectando-o a X. O tema Z é trabalhado conectando-o a X e Y e assim sucessivamente, facilitando a compreensão dos alunos a respeito da conexão entre os temas. A Figura 6.6 b) apresenta outra possibilidade, em que os temas X, Y, Z e W são apresentados inicialmente, já enfatizando a conexão entre eles, para que então cada um dos temas possa ser aprofundado, sempre de forma conectada aos demais temas. A Figura 6.6 c) ilustra uma alternativa diferente, em que os quatro temas são sempre trabalhados de forma conectada, mas aplicados a situações com níveis crescentes de complexidade, até atingir o nível desejado para a determinada habilidade.

Essas são apenas algumas alternativas possíveis de percursos de aprendizado para determinada habilidade. Podem ser concebidas outras, diferentes ou baseadas em combinações das aqui apresentadas. Em geral, docentes especialistas nesses temas são os melhores para tomar essas decisões, mas precisam ser requeridos a fazê-lo, pois talvez nunca tenham refletido sobre essas alternativas, principalmente do ponto e vista do que é melhor para o aluno, ou seja, mais eficaz para o seu aprendizado.

Uma vez que o percurso de aprendizado de uma dada habilidade está concebido, pode-se passar à etapa de ideação das experiências concretas de aprendizagem.

(D) IDEAÇÃO DAS EXPERIÊNCIAS DE APRENDIZAGEM

A partir da definição conceitual de como trabalhar o aprendizado de uma habilidade, é fundamental trazer essa definição para o ambiente concreto das experiências de aprendizagem. Isso significa se perguntar: "Para iniciarmos o desenvolvimento desta habilidade, que experiências concretas o aluno deve vivenciar? Ao chegar à sala de aula em determinado dia, o que ele poderia fazer?" A dinâmica aqui é muito similar àquela de criar experiências de aprendizagem para uma disciplina, e deve-se usar a criatividade para criar experiências que estimulem a motivação intrínseca do aluno para a aprendizagem.

Pode parecer estranho que, num momento em que as disciplinas ou elementos curriculares ainda não estão definidos, possa se pensar em experiências concretas. Numa abordagem mais convencional, seguindo uma lógica de desdobramento hierárquico, essa etapa provavelmente seria realizada muito mais à frente e já sob a responsabilidade de cada professor designado a cada um dos elementos curriculares. Mas a ideia é justamente que, no momento em que a equipe de desenho do currículo está dominando todas as habilidades e os respectivos percursos de desenvolvimento, experiências concretas de aprendizagem possam ser concebidas, de forma a garantir que durante o detalhamento do currículo não se perca o alinhamento entre os objetivos de nível mais alto (competências e habilidades) e aquilo que vai de fato ocorrer em sala de aula ou qualquer outro ambiente de ensino-aprendizagem. Na verdade, na nossa experiência é justamente nesse ponto que o alinhamento se perde, e perfil do egresso, competências e habilidades passam a ser meras peças de ficção, enquanto o detalhamento do currículo se faz com foco somente nos conteúdos a serem trabalhados.

Quando falamos de experiências de aprendizagem, estamos nos referindo aos mais diversos tipos de experiências, desde aquelas em que o aluno terá uma participação mais passiva, como assistir a uma aula ou a um vídeo, até aquelas em que eles terão uma participação totalmente ativa, como quando um aluno de medicina realiza um parto supervisionado, ou um de odontologia que executa uma restauração, ou um de economia que faz uma análise de uma empresa para orientar de fato possíveis investidores. Entre os dois extremos, há uma infinidade de possíveis experiências de aprendizagem que podem ser planejadas.

Mas quais as características de uma experiência de aprendizagem eficaz? Ainda que experiências em que os alunos estão mais passivos possam ser necessárias para transmitir um conteúdo que deve ser assimilado, o aprendizado efetivo requer uma participação ativa do aluno. Para isso, é necessário que os alunos estejam engajados na experiência e intrinsicamente motivados para aprender. Portanto, experiências eficazes devem engajar os alunos e estimular sua motivação intrínseca para o aprendizado. Essa motivação intrínseca pode ser influenciada por três fatores: o grau de autonomia que o aluno percebe ter para definir como aprender; o grau em que ele se relaciona e vê propósito naquilo que está aprendendo; e o grau de autoconfiança do aluno de que será capaz de aprender e se desempenhar bem. Uma dica importante é planejar, tanto ao longo dos elementos curriculares como ao longo do próprio currículo, níveis crescentes de autonomia, senso de propósito e senso de competência para os alunos.[4]

Normalmente, quando iniciamos o processo de conceber experiências de aprendizagem, os professores da equipe de desenho têm uma tendência de pensar em experiências bem convencionais, baseadas na sua própria experiência e na sua percepção do "funciona ou não" com os alunos. Uma técnica bastante útil para estimular a criatividade é utilizar o diagrama que apelidamos de *Blue sky* ou Céu azul, mostrado na Figura 6.7.*

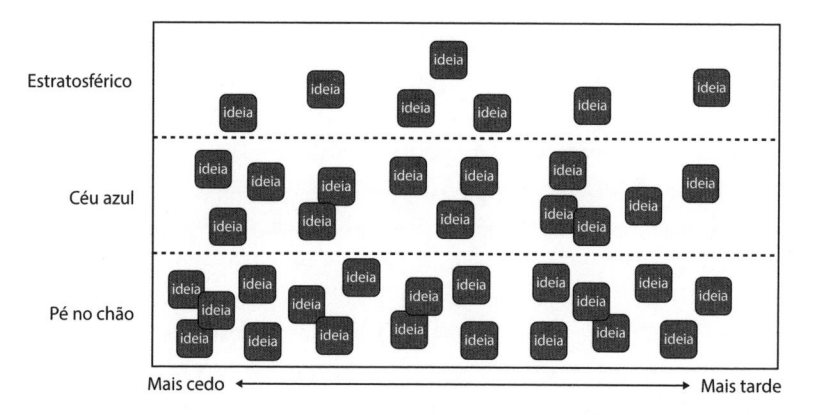

Figura 6.7 Diagrama *Blue sky* para ideação de experiências de aprendizagem.

Fonte: Os autores.

O diagrama consiste em um espaço de registro de ideias (representadas por *post its*) que conta com uma dimensão temporal no eixo horizontal. Naturalmente, ao criar ideias de experiências, algumas poderão ser realizadas logo no início do currículo e outras vão requerer que o aluno já tenha adquirido conhecimentos prévios. Assim, podem-se dispor as ideias de experiências ao longo de uma linha do tempo.

---

* Este diagrama nos foi inicialmente apresentado por professores do Olin College of Engineering. A versão que utilizamos, incluindo a dinâmica de ideação, contou também com *insights* obtidos com docentes do Babson College.

No eixo vertical, há espaço para três categorias de ideias: experiências "Pé no chão", aquelas que os professores estão acostumados a realizar, como aulas expositivas, ou dialogadas, discussões, resoluções de exercícios, entre outros; experiências "Estratosféricas", aquelas que realmente trabalhem a motivação intrínseca do aluno, ainda que pareçam impossíveis de realizar na sala de aula ou mesmo fora dela, que podem ser qualificadas como malucas ou impossíveis; e experiências "Céu azul", aquelas que trabalham a motivação intrínseca do aluno e são possíveis e realizáveis.

Obviamente, muitas experiências classificadas como "Pé no chão" são fundamentais para o desenvolvimento das habilidades e certamente comporão o conjunto de experiências do currículo. Entretanto, as experiências de aprendizagem mais interessantes para o desenvolvimento das habilidades, principalmente considerando-se níveis cognitivos mais altos na Taxonomia de Bloom, são aquelas classificadas como "Céu azul". Essas experiências têm um potencial maior de engajar os alunos no processo de aprendizagem e despertar-lhes a motivação intrínseca para o aprendizado.

Não é trivial conceber um bom conjunto de experiências "Céu azul", e, na nossa experiência, normalmente a equipe de docentes tem muito mais facilidade de produzir ideias de experiências "Pé no chão" do que as demais. Assim, é bastante útil utilizar uma dinâmica de ideação que induza a equipe a, partindo de ideias "Pé no chão", produzir ideias "Estratosféricas", pensando fora da caixa e desafiando a criatividade. Uma vez que tenhamos uma quantidade razoável de ideias "Estratosféricas", podemos analisar cada uma delas e modificá-las para torná-las possíveis e realizáveis, geralmente reduzindo um tanto sua audácia. As ideias resultantes serão as denominadas "Céu azul". A Figura 6.8 ilustra esse processo.

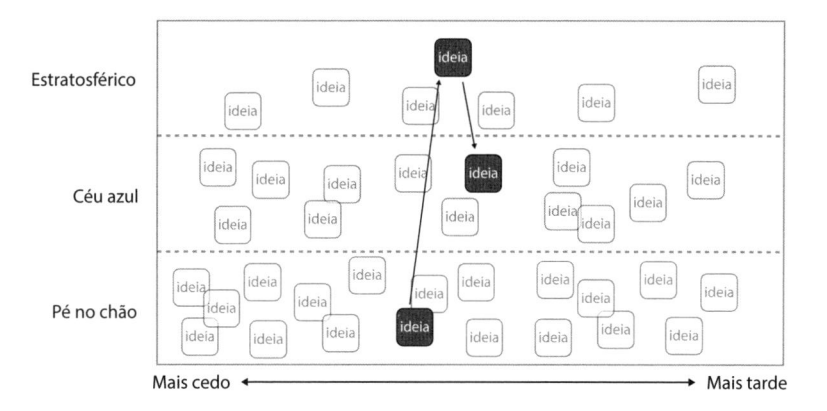

Figura 6.8 Dinâmica de concepção de ideias "Céu azul".

Fonte: Os autores.

As experiências resultantes nas duas categorias, "Céu azul" e "Pé no chão", podem formar a base das experiências de aprendizagem que devem ser realizadas para desenvolver a habilidade em questão. Algumas dessas experiências podem ser eleitas para serem de fato implementadas no currículo e formam as "trilhas" de experiências de aprendizagem para cada uma das habilidades. A Figura 6.9 ilustra esse processo.

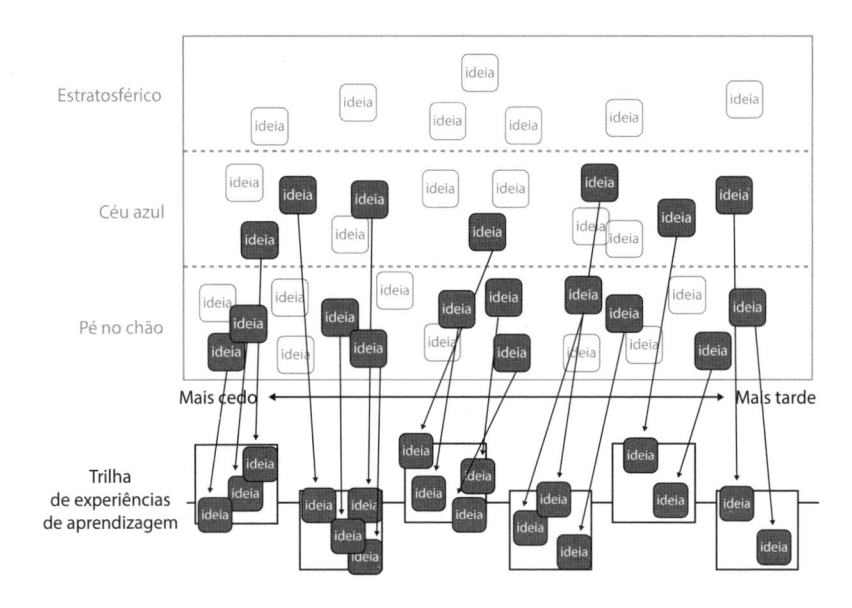

Figura 6.9 Trilha de experiências de aprendizagem para desenvolver uma habilidade.

Fonte: Os autores.

Ao realizar esse processo para cada habilidade de cada competência, teremos a base para montar uma grade de elementos curriculares que vão ser compostos por essas experiências de aprendizagem.

(E) DESENHO MACRO DO CURRÍCULO

A construção do currículo pode então ser feita a partir do conjunto de trilhas de experiências de aprendizagem. O conjunto de todas as ideias de experiências que podem ser executadas no início do currículo deve ser utilizado para compor os elementos curriculares ou disciplinas do primeiro período e assim sucessivamente. A Figura 6.10 ilustra esse processo para uma estrutura de oito períodos (poderiam ser trimestres no caso de uma pós-graduação ou semestres no caso de uma graduação).

A distribuição das trilhas de experiências de aprendizagem de cada habilidade ao longo dos vários períodos do currículo deve levar em consideração a sequência temporal das trilhas e o acúmulo de experiências de aprendizagem nos diversos períodos, numa tentativa de equilibrar a carga de trabalho nos diversos períodos.

Ao criar esses elementos, podemos ter uma abordagem mais "disciplinar", agrupando experiências relacionadas com conteúdos de determinada área do conhecimento, ou podemos partir para uma abordagem mais "interdisciplinar", agrupando experiências que permitam ao aluno estar mais próximo dos fenômenos reais e facilitando a integração de diferentes conteúdos. A primeira abordagem, ainda que possa ser menos eficaz em termos de aprendizagem, tende a ser a preferida, pois é mais fácil alocar docentes especialistas em determinadas áreas do conhecimento. A segunda abordagem requer docentes mais generalistas, capazes de integrar conteúdos de diferentes áreas num elemento curricular ou disciplina. Currículos mais interdisciplinares serão mais inovadores e provavelmente mais eficazes no desenvolvimento das competências nos alunos.

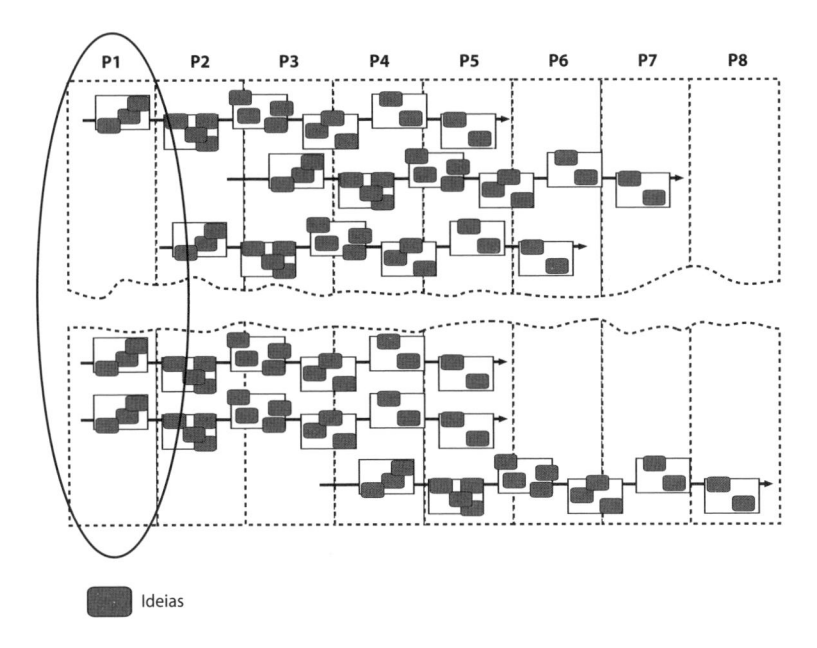

Figura 6.10 Combinando experiências de aprendizagem para formar os elementos curriculares.

Fonte: Os autores.

A formação da grade de elementos curriculares poderá obviamente ser condicionada por outras restrições do currículo, mas a consideração das trilhas de experiências de aprendizagem fará toda a diferença na eficácia do currículo em desenvolver a competência nos alunos.

(F) ESPECIFICAÇÃO DOS ELEMENTOS OU COMPONENTES CURRICULARES

Uma vez construída a estrutura do currículo, é fundamental que o alinhamento entre competências, habilidades e experiências de aprendizagem não se perca quando alocamos professores para se responsabilizarem por determinadas disciplinas. Para isso, além de envolvê-los na medida do possível nas outras etapas do processo, é fundamental que a "ementa" que define cada uma das disciplinas ou componentes curriculares inclua os seguintes elementos, de forma que o professor possa se guiar para desenhar a disciplina e fazer a sua programação no plano de ensino:

- Objetivos de aprendizagem da disciplina, ou seja, não os objetivos da disciplina em termos do que ela vai trazer aos alunos, mas o que os alunos deverão ser capazes de fazer ao seu término. Esses objetivos devem estar vinculados às habilidades a serviço das quais essa disciplina está.
- Os conteúdos que serão trabalhados por meio das experiências de aprendizagem.
- Os tipos de experiências de aprendizagem que se espera encontrar nesta disciplina, fruto do que foi gerado nas etapas (D) e (E). Esse requisito deve guiar a construção das dinâmicas de ensino-aprendizagem, quando o desenho da disciplina for feito.

- Diretrizes para o processo de avaliação de aprendizagem, que devem estar alinhadas às experiências de aprendizagem e aos objetivos.
- A bibliografia de referência dos conteúdos.

Aqui também, disciplinas eletivas, atividades complementares, trabalhos de conclusão e estágios complementam o currículo.

Nesse ponto, a diferença entre a abordagem convencional, mais comumente utilizada com suas variações, e a nova abordagem aqui proposta deve estar clara. Se não estiver, releia a descrição das duas com atenção às principais diferenças.

Formando e preparando a equipe de trabalho

Desenhar um currículo com esta nova abordagem não é simplesmente o ato de seguir um conjunto de procedimentos. A abordagem aqui proposta é mais um conjunto de diretrizes que, quando aplicadas por diferentes equipes de docentes, vão acabar gerando diferentes processos estruturados, pois cada grupo aplicará os conceitos e ferramentas aqui discutidos de forma diferente e certamente aprenderá muito ao longo do processo. Assim, o resultado final dependerá bastante do perfil dos docentes, suas crenças e seu conhecimento prévio sobre os processos de aprendizagem dos alunos. A qualidade do desenho será tão boa quanto a qualidade da equipe que utilizar esses conceitos e técnicas.

ESCOLHENDO A EQUIPE DE TRABALHO

É fundamental que a equipe seja composta por docentes dispostos a criar coisas novas e executar um currículo diferente do que terão feito até o momento. Docentes com visões muito tradicionais e crenças não alinhadas com a abordagem proposta, ainda que grandes especialistas em determinadas áreas de conhecimento, poderão limitar a aplicação dessa abordagem. Alguns critérios úteis para a escolha de membros para a equipe que vai desenhar o currículo são:

- Forte qualificação acadêmica na área de conhecimento do programa.
- Capacidade de lecionar diferentes disciplinas dentro de uma grande área de conhecimento do curso, ao invés de estar disposto a dominar o ensino de apenas um ou dois temas muito específicos.
- Disposição de trabalhar com alunos de graduação ou pós-graduação (conforme o caso) e entusiasmo pela atividade de ensino.
- Insatisfação com o *status quo* do ensino na área de conhecimento do programa e disposição de construir algo novo e realizar mudanças.
- Vontade de aprender e de se autodesenvolver em questões como diferentes metodologias de aprendizagem.
- Vontade de trabalhar com outros docentes com o objetivo de desenvolver o ensino interdisciplinar.

PREPARANDO A EQUIPE DE TRABALHO

Escolhida a equipe de trabalho, é necessário prepará-la para o processo de desenho, levando seus membros a aprender essa nova abordagem, tanto nos seus aspectos conceituais como no exercício de atividades de cada uma das etapas da abordagem. Isso pode ser feito por atividades curtas de treinamento.

Além disso, é importante que os membros da equipe adquiram repertório a partir de outras experiências que possam servir de referência ou *benchmark* para o currículo que se vai desenhar. Um caso de sorte ocorre quando se identifica outro programa, possivelmente de outra instituição de ensino, que sirva de inspiração em diversos aspectos. Nesse caso, os membros da equipe devem ter a oportunidade de visitar, conhecer e discutir sobre essa experiência. Quando esse programa *benchmark* não existe, podem-se procurar aspectos interessantes de diferentes programas para cada uma das dimensões do currículo que se vai desenvolver, servindo assim como múltiplas fontes de inspiração. Igualmente, nesse caso as visitas, os estudos e as discussões são fundamentais para criar diretrizes para o desenho que sejam compartilhadas por todos.

DEFININDO PREMISSAS PARA O DESENHO QUE SEJAM COMPARTILHADAS PELA EQUIPE

Tendo a equipe formada e preparada, é importante começar por definir em conjunto algumas premissas que serão levadas em conta no desenho do currículo. Apenas a título de exemplo, o Quadro 6.2 ilustra algumas premissas possíveis, tanto de uma abordagem mais convencional[5] como algumas mais alinhadas a esta nova abordagem. É importante destacar que as premissas não podem ser impostas, mas devem surgir da reflexão e discussão do grupo.

Quadro 6.2 Premissas de uma abordagem convencional *versus* premissas da nova abordagem

Premissas de uma abordagem convencional	Premissas alinhadas à nova abordagem proposta
• Não se pode confiar no aluno para buscar seu próprio aprendizado científico e profissional.	• O aluno quer aprender.
• A capacidade de desempenhar bem em exames é o melhor critério para a seleção de estudantes e para prever o sucesso profissional.	• Todos os alunos podem se motivar intrinsecamente para aprender.
• Apresentação é igual a aprendizado: o que é apresentado em uma palestra é o que o aluno aprende.	• Existe uma forte relação entre motivação intrínseca e aprendizado.
• Conhecimento é o acúmulo de conteúdo e informação como tijolo sobre tijolo.	• Autonomia, propósito e senso de competência levam a motivação intrínseca.
• Podem-se desenvolver cientistas criativos a partir de aprendizes passivos.	• O aluno se comporta de acordo como ele é tratado.
• Os estudantes são mais bem vistos como objetos manipuláveis, não como pessoas.	• O aluno aprende por meio de engajamento, experiência e reflexão.
	• O professor está comprometido com o aprendizado dos alunos.
	• O aluno é protagonista de seu aprendizado.

Fonte: Os autores.

O método de desenho de currículo aqui sugerido, incluindo as recomendações para a formação e preparação da equipe de professores que irá realizar a tarefa, visa ajudar as instituições de ensino a cumprir o seu papel de garantir a efetividade dos seus processos de formação. Depois de um longo histórico de décadas em que o foco esteve no conteúdo que deveria ser transferido aos alunos, a educação superior brasileira parece estar entrando na era do desenvolvimento de competências, tendência que já começa a influenciar inclusive as diretrizes regulatórias e os processos de avaliação das instituições.

Essa tendência requer uma nova forma de desenhar os currículos, que terão de ser revistos para atender a esta nova demanda. A chave está em alinhar as experiências de aprendizagem ao perfil que se deseja para o egresso dos programas, expresso pelo conjunto de competências que se pretende desenvolver nos alunos. O método que aprendemos pela experiência e que foi sendo aperfeiçoado ao longo dos anos visa dar uma direção segura para esta tarefa para a qual os docentes e as próprias instituições não foram preparados.

Esperamos que seja de boa utilidade.

O QUE VOCÊ APRENDEU NESTE CAPÍTULO?

Neste capítulo, você compreendeu as diferenças fundamentais entre a abordagem tradicional para o desenho de currículos e a abordagem proposta neste livro, que procura garantir que as experiências de aprendizagem concretas, realizadas na "sala de aula" (seja presencial ou virtual), estejam de fato alinhadas às competências e habilidades que se deseja desenvolver.

Você aprendeu o método de seis etapas que visa desdobrar as competências desejadas para os egressos do programa em habilidades e conteúdos associados, refletir e definir o percurso de aprendizagem para cada habilidade, gerar ideias de experiências concretas de aprendizagem que engajem os alunos e garantir que o desenho dos diversos componentes curriculares esteja alinhado aos objetivos.

Além disso, você compreendeu a importância de formar e preparar a equipe de professores que realizará o desenho do currículo.

Referências

1. Inep.
2. Veja, por exemplo, IEL, SENAI. Inova Engenharia – Propostas para a modernização do ensino de engenharia no Brasil, Instituto Evaldo Lodi, Brasília, 2006.
3. Disponível em: http://portal.mec.gov.br/index.php?option=com_docman&view=download&alias=112681-rces002-19&category_slug=abril-2019-pdf&Itemid=30192. Acesso em: 22 set. 2020.
4. Para mais detalhes, veja o vídeo dos professores John Stolk e Rob Martello. Disponível em: https://www.youtube.com/watch?v=EqAlj3XZjjY. Acesso em: 22 set. 2020.
5. Adaptado de ROGERS, C. *Freedom to learn:* a view of what education might become. C. E. Merrill Pub. Co., 1969.

ÍNDICE ALFABÉTICO

Abordagem convencional, 4
ACA – Aprendizado centrado no aluno, 68
Alinhamento do perfil do egresso às experiências de aprendizagem, 133
Ambientes virtuais de aprendizagem, 46
Aprendizado centrado no aluno (ACA), 68
Aprendizagem
    desenvolvimento, 29
    ativa
        conceitos, 53
        metodologias, 53
        não alinhada aos objetivos, 55
Atividade docente
    nova abordagem, 4
Avaliação
    alinhada aos objetivos, 18
    com foco na coleta de evidências sobre aprendizagem, 80
    como indutora de atitude, 20
    conceitos, 77
    da aprendizagem, 18, 80
        objetivo, 84
    das habilidades, 139
    de acordo com a finalidade, 19
    diagnóstica, 19, 102
    eficaz
        critérios, 19
    esquema, 102
    finalidades, 19
    formativa, 19, 102
    instrumentos válidos, 85
    lembrar *versus* compreender, 78
    no ensino remoto, 79
    padrões de respostas, 87
    resultados esperados, 87
    sistema de notas, 100
    somativa, 19, 102
    tipos, 102
Avaliação da aprendizagem
    aspectos importantes, 100
Blue Sky
    diagrama, 142
    funcionamento, 71
    template, 7
Clareza dos objetivos de aprendizagem, 40
Cognição
    prática, 44
Combinação de experiências de aprendizagem, 145
Competências
    desdobramento em conteúdos, 137
    desdobramento em habilidades, 137
    e o perfil do egresso, 135
Componentes curriculares
    especificação, 145
Conhecimentos prévios
    versus novos conhecimentos, 29

Conteúdos, 43

Currículo
    desenho macro, 144
    relação com disciplina, 6
    relação com trilha, 6
    versus disciplina, 6

Curso
    desenho macro, 13
    planejamento, 11

Desenho de currículo, 129
    abordagem convencional, 131
    alinhamento do perfil do egresso, 133
    avaliação das habilidades, 139
    definição de premissas, 147
    desenvolvimento de competências, 136
    ementa, 132
    equipe de trabalho, 146
    estimativa de tempo, 136
    experiências de aprendizagem, 141
    importância, 7
    macro, 144
    nova abordagem, 133, 134
    versus desenho de disciplina, 6

Desenho de disciplina
    versus desenho de currículo, 6

Desenho macro do currículo, 144

Desenho macro do curso, 13

Desenvolvimento da aprendizagem, 29

Desenvolvimento de habilidades
    trilha de experiências, 144

Desmotivação, 17

Diagrama *Blue Sky*, 142

Dinâmicas
    ACA, 68
    alinhadas aos objetivos de aprendizagem, 15, 58
    Blue Sky, 71
    grau de segurança do professor, 61
    momentos de interação, 70
    recursos disponíveis, 61
    tipos, 70

Dinâmicas de ensino-aprendizagem, 14, 53
    conceitos, 57

Disciplina
    duração, 45
    relação com currículo, 6
    relação com trilha, 6
    versus currículo, 6

Duração da disciplina, 45

Duração da unidade curricular, 45

Elementos curriculares
    especificação, 145

Ementa, 132

Ensino
    nova abordagem, 3
    plano de, 27

Ensino-aprendizagem
    dinâmicas, 14

Equipe de trabalho
    escolha, 146
    preparação, 147

Escala de desempenho
    em cinco níveis, 93
    em três níveis, 91
    rubrica, 91

Experiências de aprendizagem, 141
    combinação, 145

Feedback
    características, 112
    como ferramenta de aprendizagem, 111
    conceitos, 21
    contraexemplos, 107
    da aprendizagem
        conceitos, 107, 110
    efetivo
        estratégias, 114, 120
    entre pares, 123
    foco, 12
    frequência, 124
    geral, 125

inadequado, 113, 114
no ensino remoto, 115
padrões de erros, 122
planejamento, 126
rubrica para correção, 117
síncrono, 125
Gestão da aprendizagem, 139
Graus de motivação, 17
Habilidades, 43
de acordo com a Taxonomia de Bloom, 37
de pensamento, 36
diferentes percursos para desenvolver, 140
mensuráveis, 38
não mensuráveis, 39
práticas, 45
trabalhadas de maneira isolada, 140
trabalhadas de maneira sequencial, 140
de pensamento
de ordem baixa, 58
de ordem elevada, 60
de ordem intermediária, 60
Ideação das experiências de aprendizagem, 141
Ideias "Céu azul", 143
Instrumentos avaliativos, 86
Instrumentos de avaliação válidos, 85
Learning Management Systems (LMS), 46
Liberdade de escolha, 66
LMS (*Learning Management Systems*), 46
Mediação, 30
Memória
de curto prazo, 44
de longo prazo, 44
Memorização, 44
Mensurabilidade dos objetivos de aprendizagem, 38
Método PDAF
conceitos, 7
elementos, 10
feedback aprendizagem, 110
no ensino remoto, 46

para desenho de curso, 22
Metodologia *Blue Sky*, 71
Metodologia PDAF – estrutura, 11
Metodologias de aprendizagem ativa, 53
Metodologias ativas no ensino remoto, 55
Motivação
extrínseca do aluno, 64
graus, 17
intrínseca do aluno
estímulos, 17, 62
para a aprendizagem, 16
Neurociência, 44
Nível cognitivo, 35
Nova abordagem
para a atividade docente, 4
para o ensino, 3
Novos conhecimentos – *versus*
conhecimentos prévios, 29
Objetivos de aprendizagem, 13
alinhados com as dinâmicas, 15
clareza, 40
cognitivos, 42
conceitos, 33
contraexemplos, 41
detalhamento, 33
elaboração, 48
exemplos, 34, 40
mensurabilidade, 38
prática, 32
socioemocionais, 42
template, 48
tipos, 42
Padrões
de erros, 122
de respostas, 87
PDAF
método, 7
Perfil do egresso e competências, 135
Planejamento
introdução, 27

Planejamento da disciplina
    alinhamento externo, 12
    alinhamento interno, 12
Planejamento do curso
    alinhamento interno, 12
    objetivos, 11
Planejamento do *feedback*, 126
Plano de ensino, 27
Poder de escolha, 66
Processo cognitivo
    aspectos, 31
Questão discursiva
    exemplos, 90
Regulação externa, 17
Regulação interna, 17
Relação de confiança, 66
Resultados esperados, 87
Rubrica
    elaboração, 98
    escala de desempenho, 91
    para correção do *feedback*, 117
Senso
    de competência, 65
    de propósito, 65
Sistema de notas, 100
Suporte à autonomia, 66
Taxonomia de Bloom
    verbos, 36
Tipos de avaliação, 102
Tipos de dinâmicas, 70
Trilha
    de experiências, 144
    relação com currículo, 6
    relação com disciplina, 6
Unidade curricular
    duração, 45

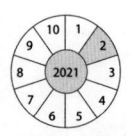